A la table
de l'empereur de Chine

William Chan Tat Chuen

Éditions
Philippe Picquier

Mise en bouche • 7

La cuisine impériale des Zhou aux Qing • 10

Les goûts mandchous • 25

L'organisation du service de bouche • 41

Les menus impériaux • 61

Le rituel des repas quotidiens et du service • 77

Les banquets • 89

Les grandes cérémonies rituelles
et les sacrifices d'Etat liés à l'alimentation • 103

Souvenirs des rares invités étrangers à la table de l'empereur • 111

Pour en savoir plus sur les ingrédients • 117

Bibliographie • 121

Table des illustrations • 123

Index thématique des recettes • 125

1. Porte du Midi • 2. Porte de l'Harmonie Suprême • 3. Salle de l'Harmonie Suprême • 4. Salle de l'Harmonie du Milieu • 5. Salle de l'Harmonie Préservée • 6. Porte de la Splendeur de l'Ouest • 7. Bureau de la Maison impériale (Neiwufu) • 8. Porte de la Pureté Céleste • 9. Palais de la Pureté Céleste • 10. Salle de la Vaste Vertu • 11. Palais de la Tranquillité Terrestre • 12. Offices du Thé et des Collations impériales • 13. Salle de la Nourriture du Caractère • 14. Office de la Cuisine impériale • 15. Salle de la Nourriture de l'Esprit • 16. Palais des Multiples Splendeurs

Plan de la Cité Interdite avec les endroits cités dans le texte

Les recettes de ce livre sont prévues pour 9 personnes

MISE EN BOUCHE

La cuisine de la Cité Interdite n'échappe pas aux caractères des autres tables royales, en particulier en France. Comme au château de Versailles, elle est avant tout un instrument du pouvoir. Déjà au Louvre, le public était admis à contempler le roi dînant ou soupant. Sous Henri III, dès 1585, un Règlement général décrit l'ordre que le roi « veut être tenu en sa cour tant au département des heures, que de la façon dont il veut être honoré et servi ». L'étiquette détaillée imposée par Louis XIV (1643-1715) régente toute la vie de Versailles. Il lui permet de soumettre la noblesse, de marquer la distance qui le sépare de ses sujets en des repas qui deviennent de véritables spectacles publics. Louis XV, contemporain de Qianlong, gardera l'essentiel de l'étiquette.

La Chine est simplement en avance sur la France de deux millénaires sous l'appellation des Rites. Dès le IVe siècle avant notre ère, le *Rituel des Zhou* décrit l'organisation idéale de la cour dans ses moindres détails, y compris les règles de restauration. Cette étiquette et ces rituels font partie de l'exercice de l'empereur. A l'inverse de Versailles, les Rituels chinois se passent à l'abri des hauts murs « violets et rouges » de la Cité Interdite. La vie quotidienne de la famille impériale ne filtre jamais. Ce mystère suscite la curiosité des Chinois et induit de facto leur respect. Cette forteresse, construite en 1420 sous la dynastie des Ming, est restée inaccessible pendant cinq cents ans. Il a fallu attendre 1914 (la proclamation de la République date de 1912) pour que la partie antérieure (*waichao*, partie administrative) soit ouverte au public. La partie postérieure (*neichao*), où vivaient les empereurs et les impératrices, n'a été accessible qu'en 1924 après le départ du dernier empereur Puyi des Qing.

Les rituels confèrent à Qianlong un statut religieux. Comme le plus misérable de ses sujets, le roi ou l'empereur doit nourrir son corps. Mais ce corps est d'une essence particulière. En France, le roi est « oint de Dieu ». Lors de son sacre, il a communié sous les deux espèces : recevant l'hostie comme tous les fidèles, il a bu également au calice comme le prêtre. En Chine, l'empereur reçoit la légitimité de son pouvoir du Ciel par le « Mandat céleste ». Pour mériter son pouvoir, ce « Fils du Ciel » doit assurer des sacrifices d'Etat au Ciel, bien souvent liés au calendrier agricole. Dès lors, qu'ils mangent en public ou en privé, ces deux hommes doivent se sustenter selon des règles bien précises. La Chine préfère le secret. Qianlong prend ses repas quotidiens toujours seul, à l'abri des regards.

Les repas deviennent aussi l'occasion de présenter le meilleur de la table nationale. Grâce à leur curiosité personnelle, les empereurs enrichissent le répertoire culinaire au fil de leurs voyages. A son arrivée au pouvoir, Qianlong trouve une cuisine chinoise han aux règles abouties, dont les techniques culinaires de base remontent à la dynastie des Zhou. Pour assurer la stabilité politique, il applique alors un juste équilibre entre la conservation des particularismes de sa cuisine mandchoue et l'adoption des pratiques culinaires chinoises han. De même, préserve-t-il l'équilibre de la cuisine du Nord et du Sud de la Chine dans les références à la cour. L'organisation du service de bouche, où travaille une armée de serviteurs, tient compte de cette exigence politique. Cela ne l'empêche pas d'être gourmand et gourmet. Malgré les règles édictées pour prévenir le poison, qui le contraignent à ne pas faire étalage de ses préférences, les menus soigneusement conservés nous permettent de connaître ses goûts.

Etre reconnu par l'empereur était un honneur insigne. Les cuisiniers fameux qu'il ramenait de ses tournées provinciales étaient couverts d'or. Tout comme ses fournisseurs bénéficiaires d'un « label de qualité impériale » étaient l'ancêtre de nos étoiles gastronomiques ou des « recommandations » des cours royales de nos jours. Plus éclectiques que d'autres, les empereurs chinois veillaient à ce que la cuisine plus populaire ne soit pas négligée. En outre, ils aimaient plus que tout la simplicité des repas de chasse ou des sorties à la campagne qui leur permettaient d'échapper à la pesanteur des cérémonials du palais et au protocole.

Les pages suivantes présentent les différents rituels liés à la table et à l'organisation des cuisines dans la Cité Interdite sous le règne de Qianlong (gourmet et esthète qui représente l'apogée de la dynastie des Qing dans tous les domaines). Ceux-ci reflètent le poids des rituels hérités de l'Antiquité et sont très rigides, sans guère de place pour l'innovation. Recettes et anecdotes les accompagneront de leur saveur.

La monnaie sous les Qing
L'unité monétaire chinoise est le tael (ou *liang*). Un tael équivaut à une once d'argent, soit 37,72 g. Les sommes libellées en taels sont payables en lingots ou copeaux d'argent, systématiquement pesés. Le tael est subdivisé en 10 mas, 100 condorins et 1 000 sapèques. La sapèque (ou *sien*) est en cuivre. Elle est percée d'un trou carré. Mille sapèques reliées par une cordelette font une « ligature » qui vaut un tael.

Intronisation de l'empereur Qianlong et de l'impératrice, Giuseppe Castiglione, 1736.

Chronologie des empereurs de la dynastie des Qing

Titre de règne	Nom	Année de naissance	Année de décès	Age d'accès au trône	Durée de règne
Tianming	Nurhachi	1559	1626	58	10
Tiancong Chingde	Huangtaiji	1592	1463	35	16
Shunzhi	Fulin	1638	1661	6	17
Kangxi	Xuanye	1654	1722	8	60
Yongzheng	Yingzhen	1678	1735	45	13
Qianlong	Hongli	1711	1799	25	60
Jiaqing	Yongyan	1760	1820	37	25
Daoguang	Minnimg	1782	1850	39	30
Xiafeng	Yizhu	1831	1861	20	11
Tongzhi	Zaichun	1856	1874	6	13
Guangxu	Zaitian	1871	1908	4	34
Xuantong	Puyi	1906	1967	3	3

Les empereurs Qing sont plus connus par leur nom de règne que par leur nom personnel. C'est la raison pour laquelle l'emploi des noms de règne est la règle adoptée dans ce livre.

LA CUISINE IMPÉRIALE DES ZHOU AUX QING

Depuis le début de l'histoire chinoise, le développement de la cuisine impériale est lié au culte de la Terre et des Ancêtres. Le lien à la terre a toujours été primordial. Pour remercier la nature de ses bienfaits et continuer à en jouir, il était nécessaire que l'empereur rende hommage à la Terre et à la protection des Ancêtres. Ainsi garantissait-il la nourriture de son peuple. Cette aptitude de l'empereur à dialoguer avec le Ciel et les Ancêtres est fondée sur la légitimité du pouvoir ou « Mandat du Ciel », *tianming*, issue du souverain fondateur. Il se déclare alors « Fils du Ciel », *tianzi*, et instaure un pouvoir qui s'organise autour d'une cour avec une administration hiérarchisée fortement centralisée. Des Etats vassaux sont créés aux quatre coins de l'empire à partir d'un réseau complexe de lignage en une sorte d'institutionnalisation des clans patriarcaux. Ces clans vouent une allégeance à la maison impériale, détentrice du pouvoir légitime. Ils assurent, entre autres, l'approvisionnement en nourritures de la cour. Ce système va permettre aux différentes dynasties chinoises de régner pendant près de neuf siècles. L'avènement des Zhou, en 1050, un peuple venu des provinces du Gansu et du Shaanxi, au nord-ouest, et qui était vassal et rival des Shang, marqua le début de ce système.

Pour la première fois, on va tenter de rationaliser les mythes en leur donnant une dimension historique. Les rites, *li*, deviennent une affaire d'Etat et sont minutieusement réglés par des écrits, le témoignage le plus fameux étant le *Zhouli*, Rituel des Zhou, compilé aux alentours du IVe siècle avant notre ère. Il décrit l'organisation idéale de la cour, siège d'un grand empereur, qui préside aux destinées de l'univers. Les politiques vont donner à ces conventions une importance égale à celle des armes. Le *Rituel des Zhou*, dans les livres IV et V, décrit l'organigramme du service de bouche avec une énumération très précise des fonctions de chacun.

Sur les quelque 4 000 personnes assurant le service du palais impérial des Shang, 2271, soit près de 60 %, se consacraient aux différentes questions touchant la préparation et le service des repas. Ce bataillon comprenait :
– 162 maîtres diététiciens, chargés d'élaborer les menus,
– 128 chefs de cuisine pour la seule famille impériale,
– 128 autres qui cuisinaient pour la suite et les invités,
– 335 spécialistes en aliments d'origine végétale,
– 70 autres en aliments d'origine animale,
– 24 chargés de préparer les tortues et les crustacés,
– 450 responsables de la préparation et du service des alcools,
– 170 qui s'occupaient des autres boissons,
– 94 responsables de la glace,
– 62 spécialistes des condiments et des sauces.

Ceci montre que les Chinois se sont plus intéressés à tout ce qui, de près ou de loin, touche à l'art culinaire qu'aucun autre peuple dans l'Histoire. Les rites qui touchent à la préparation des nourritures sont au fondement de l'ordre (social et cosmique) car ils permettent la bonne ordonnance du Ciel et de la Terre. Chaque dynastie, dans l'organisation de sa restauration, s'est rapprochée de ce modèle.

Si l'organisation du service de bouche ainsi que les actes et les rituels culinaires étaient codifiés par les rites des Zhou, les privilèges dus au rang dans le service des repas étaient de la décision seule de l'empereur. Ils se mesuraient par une gradation différente dans la quantité et la qualité des mets et boissons servis, la qualité et la quantité de vaisselle, le personnel alloué au service.

> ### Lait de soja (*doujian*)
>
> En Chine, le soja est connu depuis presque cinq mille ans. Les produits issus de ce haricot nous sont familiers sous forme de pousses, de sauces, de *doufu* mais aussi de lait. Cette boisson remonte aux origines de l'histoire chinoise.
>
> 1 kg de graines de soja
> 200 g de sucre
> 2 l d'eau
>
> Faites tremper les graines de soja la veille. Bien les rincer, les laver et les égoutter. Ajoutez l'équivalent de deux litres d'eau. Passez au mixeur, puis filtrez le lait au tamis. Ajoutez le sucre. Portez à ébullition.

La place primordiale de la viande

Dans les offrandes de nourriture, le rituel Zhou le plus prestigieux était le *hui*. Un *hui* était le mélange de trois viandes : bœuf, mouton et porc. Les offrandes *hui* étaient placées dans des *ding* (récipient pour aliment en forme de trépied). Dès lors, la règle des banquets impériaux prenait le *ding* comme unité de mesure. Leurs classifications dépendaient du nombre de récipients *ding*, lié à la quantité des ingrédients qu'ils peuvent contenir. Le plus prestigieux était le banquet de « neuf *ding* savoureux ». Huit *ding* de tailles identiques contenaient du mouton, du porc, du poisson frais, du poisson séché, de la viande séchée, des intestins, de l'estomac. Le neuvième *ding*, d'une taille plus grande, contenait de la viande de bœuf. Ce nombre de 9 *ding* était réservé à la famille impériale (9 en chinois est homophone de longévité). Les princes feudataires n'avaient droit qu'à 7 *ding*, les ministres 5 (mais sans bœuf) et les dignitaires 3 (sans bœuf également). Les différents ingrédients étaient cuits directement dans les *ding*, généralement bouillis.

Ding à trois pieds, bronze, style archaïsant.

Carpe du lac de l'Ouest (*xihu liyu*)

La carpe jouit d'une place de choix parmi les poissons d'eau douce dans la cuisine chinoise. C'est le poisson le plus prestigieux. Son appellation en chinois est homophone d'« avantage, intérêt ». Elle est domestiquée depuis la dynastie des Zhou, c'est-à-dire sélectionnée et élevée dans des étangs. Cette recette de carpe est originaire de Hangzhou, ville connue pour son célèbre lac de l'Ouest. Elle utilise les deux produits régionaux du Zhejiang : le vin et le vinaigre de riz. Les carpes une fois pêchées du lac jeûnent pendant un ou deux jours pour rendre la chair plus ferme et faire disparaître l'odeur de vase. Un tel traitement rend la chair de la carpe exquise et fine, comme celle du crabe.

1 carpe de 1,5 kg (on peut la remplacer par un turbot)
3 cuillères à soupe d'huile d'arachide
30 g de gingembre haché
1 botte de ciboulette ciselée
3 cuillères à soupe de vinaigre de riz
3 cuillères à soupe de vin de Shaoxing
2 cuillères à soupe de sucre roux
3 cuillères à soupe de sauce de soja claire
3 cuillères à soupe de sauce de soja foncée
20 cl de fumet de poisson
20 g de maïzena

Chauffez le wok avec l'huile. Faites sauter le gingembre et la ciboulette.
Ajoutez ensuite le vinaigre de riz, le vin de Shaoxing, le sucre roux, les sauces de soja et le fumet de poisson.
Portez à ébullition. Liez la sauce avec la maïzena.
Faites cuire le poisson à la vapeur 10 minutes.
Après cuisson, arrosez le poisson de sauce.

L'apparition des sauces et des légumes fait émerger une cuisine savoureuse qui modifie les règles de banquet. Désormais, la quantité n'est plus la seule référence. Le raffinement des saveurs entre dans le plaisir des sens. Au *ding* où on faisait cuire et où on se servait, succède le *dou*, plat de service avec couvercle. L'unité de calcul des grades de banquets devient le *dou*. Le Fils du Ciel avait 30 *dou*, dont 6 *dou* de sauces. Sur 10 *dou*, les princes feudataires avaient 2 *dou* de sauces. Les ministres avaient 8 *dou* et les dignitaires 6 sans sauce. L'assaisonnement des mets par les sauces devenait le révélateur des différents rangs.

Les ingrédients utilisés par les cuisines impériales pour les féculents étaient le riz, le riz glutineux, le millet, le millet glutineux, le grain de sorgho et le blé. Ils servaient à la confection des *gao* (gâteaux ou préparations à base de farine de riz glutineux ou de blé) et des *bing* (gâteaux, grosses crêpes ou galettes). Le bœuf, le mouton, le chien, le cheval, le porc, le poisson et la volaille étaient occasionnellement rejoints par les oies sauvages, les cailles, les tourterelles, les tortues. Les boissons alcoolisées étaient issues de la fermentation du blé, du millet ou du sorgho.

Trois étapes de la culture du riz, estampages Qing.

Pain mandchou (*jia chang bing*)

Les pâtes, *mian* en chinois, désignent des produits manufacturés issus d'un pétrissage de farine de blé et d'eau. La pâte ainsi obtenue, de consistance dure ou souple, sera mise en forme avant d'être cuite en milieu humide (eau, vapeur) ou sec (four, plaque chauffante). Jusqu'aux Song, les pâtes étaient regroupées sous le terme générique de *bing*. Les premières recettes de pâtes sont consignées dans un traité agricole du VIe siècle (*Qimingyaoshu*). Ceci ne veut pas dire qu'on ne mangeait pas de pâtes avant cette date. Quelques allusions dans des ouvrages témoignent de sa consommation bien avant l'ère chrétienne. D'après l'*Histoire des Han* (*Hanshu*), il existait un service de bouche qui s'occupait des *bing* et des *er* (boulettes de gâteau de riz ou de millet). Dans le *Livre des Rites*, on trouve la notation des mets à base de farine de blé offerts à l'empereur pour son petit-déjeuner dans des petits paniers. A partir des Tang, le terme générique *bing* devient *mian*, alors que *bing* fait désormais référence aux pâtisseries, crêpes, galettes et « pains cuisinés » (pâte farine-eau enrichie d'autres ingrédients). Le pain était une nourriture propre aux populations nomades comme les Mongols ou les Mandchous. La pâte à base de farine et d'eau, enrichie de levain ou non, était cuite soit sur une plaque chauffante, soit plaquée sur les parois d'un four cylindrique en argile, installé dans le sol.

600 g de farine • 300 g d'eau • 30 g de sel
1/4 l d'huile

Diluez le sel dans l'eau. Formez une pâte avec la farine et l'eau salée. Divisez la pâte en neuf morceaux. Prenez un morceau de pâte, formez une boule. Etalez en longueur la boule de pâte. Badigeonnez la surface d'huile. Pliez en trois en ramenant les deux extrémités.
Etalez le même morceau dans le sens contraire du pliage. Badigeonnez une nouvelle fois la surface d'huile, pliez en trois (le pliage donne une sensation de « pâte feuilletée » au pain). Répétez la même opération pour les huit autres morceaux de pâte. Faites cuire les pains sur une plaque très chaude, environ cinq minutes de chaque côté.

Le caractère dominant des repas impériaux était la présence systématique de viande par rapport aux légumes ou aux féculents. Depuis l'Antiquité, la viande était réservée à l'élite impériale. Le sacrifice des animaux était codifié par les rites et avait lieu à des périodes précises. Le traitement des viandes en condiments ou séchées permettait aux dirigeants d'en disposer tous les jours, même à titre symbolique. Ces préparations prenaient l'appellation de « huit trésors ». Les viandes les plus prestigieuses étaient par ordre décroissant le bœuf, le mouton et le porc. Les morceaux étaient répartis selon différentes classes. Selon le *Li ji*, *Mémoires sur les Bienséances et les Cérémonies*, le prince ne pouvait sans raison tuer le bœuf, les hauts dignitaires ne pouvaient sans raison tuer le porc, le peuple ne pouvait sans raison manger les huit trésors qui sont le *chunao* (« terrine » de viande), le *chunmu* (« terrine » de viande fermentée), le *baozhu* (« rillettes » de porc), le *baoyang* (« rillettes » de mouton), le *daozhen* (hachis divers), le *zhi* (« confit » à l'alcool), le *ao* (bouilli entier), et le *gan* (foie sauté).

Le chunao (« terrine » de viande) était fait avec des morceaux de viande rissolés dans la graisse de mouton, de bœuf, de porc ou de chien pour une brève coloration en surface, avant d'être mouillés et bouillis jusqu'à les rendre tendres. La viande cuite était ensuite hachée au couteau. Elle était conservée dans une terrine et servie telle quelle, accompagnée de riz blanc. Le choix des quatre types de graisses avait pour but de conférer à la viande la saveur de la graisse de l'animal choisi. Lorsque la viande était rissolée dans la graisse de bœuf ou de mouton (*zhi*), le hachis était servi avec de l'oignon cru émincé pour compenser sa « forte odeur ». Dans le cas où la viande était rissolée avec de la graisse de porc ou de chien (*gao*), le *chunao* était servi avec de la ciboulette hachée. Pour donner à cette « terrine » une saveur plus prononcée, du sel, du vin de céréales, de la farine de millet étaient ajoutés au mélange de base. On la faisait ensuite fermenter pendant un mois et elle prenait alors l'appellation de *chunmu*.

Le *baozhu* est un porcelet cuit deux fois et servi sous forme de « rillettes ». L'intérieur du porcelet était farci de jujubes rouges. Il était ensuite recouvert d'argile mélangée à du roseau, puis cuit au four. Cette technique de cuisson s'appelle *bao* et préservait bien tous les arômes du porcelet, les jujubes apportant une pointe de douceur et d'acidité au parfum de la viande. Après cuisson dans sa carapace d'argile, le porcelet était découpé en petits morceaux. Ces morceaux étaient mijotés à feu très doux trois jours et trois nuits dans un *ding* jusqu'à émiettement. La même recette pouvait être mise en œuvre avec un mouton. Dans ce cas, le plat s'appelait *paoyang*.

Le *zhi* était une macération de viandes découpées en très fines lamelles avec de l'alcool de riz. Les chairs étaient confites à l'alcool. Ce processus avait pour but de détruire les germes pathogènes contenus dans la viande. Au moment de la dégustation, les délicates lamelles étaient trempées dans une sauce à base de sauce de soja, de vinaigre et de sauce aux prunes. Ces mêmes lamelles, une fois séchées, servaient d'en-cas ou d'amuse-bouche. Les viandes les plus prisées pour cette préparation étaient le bœuf, le mouton, le cerf et le chevreau.

Les viandes plus rares comme la paume d'ours, la queue de cerf, les lèvres de singe, la trompe d'éléphant et les nids d'hirondelles n'étaient répertoriées dans les corpus culinaires de la cour qu'à la période « Printemps et Automnes ».

L'entrée en scène des végétaux

Cette suprématie de la viande dans les repas impériaux persista jusqu'à la dynastie des Tang (618-907). Grâce aux échanges cosmopolites commencés sous les Han, le répertoire des nouveaux ingrédients n'avait cessé de progresser, avec peu à peu une place croissante prise par les

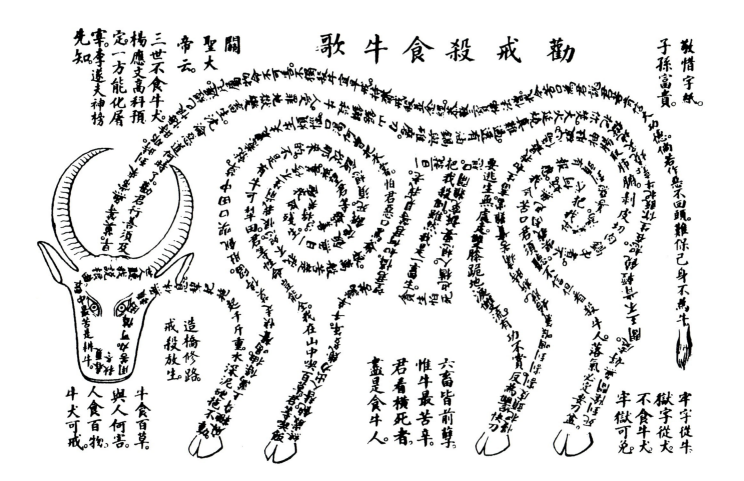

végétaux. On assiste à un raffinement des produits et des pratiques culinaires par l'usage des épices et des condiments étrangers. Les fines gueules de la cour des Tang s'intéressent aux légumes et aux épices d'importation, fixant leur dévolu sur les aubergines, le céleri-rave, les épinards, ainsi que la muscade, le safran et l'aneth. La mode de l'ail est partout. Un plat cuisiné (*cai*) où l'ail ne ressort pas suffisamment est qualifié de fade. Les produits laitiers font aussi leur apparition, notamment le lait de buffle (*arni*) dans le Sud. Les médecins ne jurent plus que par le lait de chèvre en lui attribuant des vertus spéciales pour les reins. Ce n'est qu'au VIIe siècle que les Chinois apprirent des Indiens le procédé de fabrication du sucre de canne. Avant, ils édulcoraient leurs boissons ou leurs mets avec du miel ou du sucre de malt issu de l'orge. A peine eurent-ils maîtrisé le secret de la fabrication sucrière que la nouvelle mode du sucre cristallisé s'empara des gourmets. L'habitude prise à cette époque de manger des tomates crues avec une bonne pincée de sucre a persisté jusqu'à aujourd'hui.

Bœuf dessiné en caractères chinois ; le texte dit, entre autres, que l'animal ne mange que de l'herbe et ne s'attaque pas aux hommes ; qu'il travaille dur pour nous et ne devrait pas être tué pour sa viande ; que ceux qui en mangent se réincarneront en bœuf dans leur vie ultérieure.
Ci-dessous : sceau de Qianlong.

Salade d'aubergines à la pâte de sésame
(lengpan qiezi)

Les aubergines étaient arrivées en Chine sous les Tang. En Chine, elles sont généralement longues et non rondes. Le fruit avec son capuchon ressemble à un homme en chapeau et c'est ainsi que dans le langage populaire, il représente un fonctionnaire avec son chapeau. Reproduit en image, il indique que l'on souhaite au destinataire d'accéder au rang de fonctionnaire.

1 kg d'aubergines
100 g de pâte de sésame
2 citrons
15 g de sel
5 g de poivre moulu

Faites cuire les aubergines à la vapeur pendant une heure.
Fendez-les en deux, récupérez la pulpe puis écrasez-les grossièrement avec la fourchette.
Ajoutez la pâte de sésame et le jus de citron.
Poivrez, salez et mélangez bien le tout.
A servir avec le pain mandchou.

La cuisine devint un art, au même titre que la poésie, la peinture et la calligraphie. Les cuisines régionales rivalisaient pour s'adjuger les faveurs des gourmets dans tout le pays. Chacune d'elles voulait faire référencer ses plats dans les menus impériaux, car le Fils du Ciel et sa cour exigeaient rien de moins que les mets les plus exquis et les plus singuliers. Tout épicurien et hédoniste qu'il fût, l'empereur n'en était pas moins vigilant et ferme. Afin d'éviter toute publicité exagérée, voire déloyale, de la part des cuisiniers ou des gastronomes pour leur cuisine, le trône institua dans les grandes villes de Changan (actuelle Xian), de Luoyang et de Yangzhou le poste bien rémunéré « d'expert en bon goût », qui avait aussi pour mission de contrôler la pureté des alcools et des spiritueux. On voit alors le Nord et le Sud se différencier avec l'apparition de véritables cuisines régionales, pourvues de caractères propres. De cette période datent les controverses entre cuisines régionales et la rivalité Nord-Sud. Les Chinois du Nord se mirent à détester systématiquement les plats méridionaux tels que la viande de chien ou les cuisses de grenouille, au point de juger toxiques certaines viandes dont les Chinois du Sud raffolaient.

Bouteille à décor d'émaux polychromes, porcelaine, dynastie Qing.

Sauté végétarien *luohan* (*luohan quanzai*)

C'est un mets qui remonte à la dynastie des Tang, au moment du développement du bouddhisme en Chine. Aux huit immortels du taoïsme correspondent en quelque sorte les dix-huit *luohan* (arhats) du bouddhisme. En fait, ce sont les cinq cents disciples de Bouddha qui un jour deviendront eux-mêmes bouddhas. Mais la plupart du temps, on les réduit au nombre de dix-huit, dont seize d'origine hindouiste et deux d'origine chinoise. Selon la légende, ils parcourent la mer et chacun d'entre eux possède un attribut précis : le premier, Binduluo, a un livre sur les genoux, le dernier, Bolotoshe, est à cheval sur un tigre.

100 g de chou chinois
100 g de brocolis
100 g de pois gourmands
100 g de haricots spaghetti
50 g de champignons parfumés (à faire réhydrater dans l'eau)
50 g de pousses de bambou
50 g de carottes
100 g de confèvres (à plonger dans de l'eau chaude pour les ramollir)
100 g de vermicelles de riz (à plonger dans de l'eau chaude pour les ramollir)
20 g de champignons noirs (à faire réhydrater dans l'eau)
50 g de graines de lotus
huile d'arachide
Sauce
2 cuillères à soupe de sauce de soja claire
3 cuillères à soupe de vin de Shaoxing
1/4 l de bouillon de volaille
20 g de maïzena
20 g de sucre
10 g de gingembre haché

Coupez les légumes en morceaux de 5 cm de longueur.
Faites sauter au wok avec de l'huile séparément le chou chinois, les brocolis, les pois gourmands, les haricots spaghetti, les champignons parfumés, les pousses de bambou et les carottes.
En fin de cuisson, remettez tous les légumes cuits dans le wok avec les ingrédients de la sauce et le reste des ingrédients. Mélangez bien.
Après l'ébullition, laissez cuire 15 minutes. Servez.

Kebab d'agneau (*yanrou chuan*)

Les Mandchous étaient de grands amateurs de viande. Aux gibiers issus de la chasse s'ajoutaient des viandes d'élevage, surtout le mouton. Un vrai repas de viande n'avait besoin d'aucun accompagnement et la viande se suffisait à elle-même. Le mouton ou l'agneau, bouilli parfois entier, était apporté découpé à table en une pyramide de morceaux. La pièce gastronomique était la région lombaire de l'animal, accompagnée de sa queue. La queue jouissait d'un prestige particulier. C'était la délicatesse des délicatesses mandchoues. En effet, les moutons constituent leur réserve de graisse au niveau de la queue. La graisse de mouton était la matière grasse de référence dans les préparations culinaires, y compris la préparation des pâtisseries.

900 g de gigot d'agneau coupé en dés
10 g de cumin
20 g de sel
200 g de graisse de mouton

Mélangez les morceaux d'agneau avec le cumin et le sel.
Répartissez la viande en 9 brochettes.
Enduisez de graisse de mouton et faites griller les brochettes.

Portrait de Gengis Khan.

La vulgarisation des produits laitiers

Quand le petit-fils du prince cavalier Gengis Khan, Kubilai Khan, fonde la dynastie d'origine mongole des Yuan, en 1271, le développement de la cuisine est bouleversé. Ce sont essentiellement leurs étranges habitudes alimentaires qui valurent aux envahisseurs l'adjectif péjoratif de barbares. Du lait de jument fermenté et de l'agneau attendri sous la selle étaient d'incomparables friandises pour ces barbus des steppes. Ces douceurs répugnaient en revanche aux Chinois, du moins au début. Mais le temps amena conquérants et vassaux à faire preuve d'un certain respect pour leurs cuisines respectives. Les Mongols apprécièrent la variété, le raffinement et la fraîcheur des mets *cai* chinois, tandis que les Chinois succombèrent au charme de la fondue mongole. Ils admiraient aussi les Mongols pour leur résistance à la boisson et l'art consommé avec lequel, à l'exemple de l'empereur, ils découpaient la viande à table à l'aide de leurs poignards acérés.

La cuisine impériale des Yuan a marqué ainsi une rupture avec celle des dynasties antérieures. L'agneau figurait à présent au menu quotidien de l'empereur. Jour après jour, cinq moutons castrés étaient mis à mort, même si le Fils du Ciel n'avait guère d'appétit et qu'on ne grillait au charbon de bois ou ne cuisait au bouillon à même la table que trois ou quatre tranches très minces. Le gaspillage atteignait des sommets chaque fois que la cour organisait un de ses fameux banquets « koumis ». Plusieurs mois avant la tenue de ces repas pantagruéliques, qui coïncidaient le plus souvent avec un jour de fête, l'office impérial responsable fournissait des hectolitres du meilleur lait de jument fermenté, le koumis. Ces banquets étaient simplement appelés selon l'étiquette « banquets unis » (*jisun*) car les convives n'étaient admis à porter que des vêtements monochromes. Au grand regret des nostalgiques de l'étiquette, chaque festin se terminait par une gigantesque beuverie puisque la majorité des empereurs Yuan buvaient le koumis comme de l'eau. Avec le recul, force est de constater qu'ils furent nombreux à périr de leur amour immodéré pour cette ivresse.

Les débats de l'art culinaire

L'art culinaire des Qing plonge ses racines dans les us et coutumes de la dynastie des Ming (1368-1644). Les coutumes et les convenances de table étaient alors dictées par les religieux, les taoïstes et les bouddhistes au même titre que la médecine. La cour impériale favorisait ces courants. Les restaurants végétariens, en majorité situés au sein des temples, produisaient miraculeusement des plats exquis, quoique dépourvus de viande. L'amateur de littérature culinaire pouvait se procurer les deux ouvrages du médecin et chef de cuisine de la cour impériale Hu Sihui, ayant pour titres « Les principes d'une alimentation correcte » et « Mille délices culinaires ». Le premier mettait en avant l'action curative de l'alimentation et démontrait que bien manger guérit et que mal manger rend malade. Le second assignait une fois pour toutes à la cuisine sa place dans le monde des beaux-arts. C'est grâce à lui en définitive qu'elle est devenue l'égale de la peinture au lavis, de la calligraphie, de la musique et de la poésie. C'est sous les Ming que le commerce maritime avec l'Occident apporta à la cuisine sa dernière révolution. Arrivèrent d'Amérique le maïs, le tabac, les pommes de terre, les arachides et les patates douces, produits qui sauvèrent par la suite les Chinois des famines. La culture occidentale fut également introduite à la cour des Ming par les missionnaires jésuites italiens qui jouèrent un rôle important dans le développement du commerce entre la Chine et l'Occident. Mais sur le plan culinaire, les deux mondes restent cloisonnés. Les fastes de la cour de Versailles et la grande cuisine française en vogue dans le monde occidental ne sont jamais parvenus jusqu'à la Cité Interdite !

Purée de pommes de terre sucrée (*dudou ni*)

La pomme de terre, introduite en Chine dès les Ming, n'a jamais acquis une place importante dans la cuisine chinoise. Ce plat était cependant un des mets favoris de Qianlong à la fin de sa vie, lorsque sa dentition n'était plus aussi robuste.

400 g de pommes de terre
300 g de crème de marron
0,5 l de lait
200 g de sucre

Epluchez les pommes de terre et faites-les cuire à l'eau.
Ecrasez les pommes de terre cuites à la fourchette.
Mélangez-les avec le sucre, la crème de marron et le lait.
Passez la purée obtenue au tamis pour éliminer les grumeaux.
Servez dans de petits bols.

Portrait du garde du corps impérial Zhanyinbao, artiste inconnu, 1760.

Lorsque que les Mandchous passèrent les portes de la Cité Interdite le 25 avril 1644, après leur victoire sur les Ming, et établirent la dynastie des Qing, la gastronomie chinoise avait déjà atteint sa plénitude dans une synthèse de toute la richesse et l'expérience culinaire du passé. Tout était en place pour qu'apparaisse un *dao* de la nourriture. Les intellectuels rivalisent en écrits culinaires. Le plus célèbre gourmet de cette Chine du XVIIIe siècle est Yuan Mei. En 1792, il dissèque la cuisine chinoise à la manière d'un chirurgien en documentant 14 aspects d'une alimentation saine et 326 recettes régionales célèbres, dans un ouvrage intitulé « Les menus de Sui Yuan » (*Sui Yuan Shitan*). Yuan Mei déclare : « La qualité d'un plat dépend à 60 % du cuisinier et à 40 % des produits. » Il affectionne les conseils à l'emporte-pièce comme : « Une viande au goût typé telle que l'anguille, la tortue, le crabe et le mouton ne demande pas d'épices, mais se suffit à elle-même. » Faire la cuisine est pour lui une activité exigeante, à telle enseigne qu'il proclame qu'un maître queux ne peut réussir plus de quatre préparations par jour, qu'il soit seul ou assisté de marmitons.

Ses écrits montrent qu'il n'est pas seulement fin cuisinier, fin gourmet, mais aussi esthète. Il analyse les aliments qui se marient avec bonheur et ceux qui ne doivent en aucun cas être combinés. Il réprouve les excès que l'on pourrait être tenté de faire. Il insiste sur l'importance de la maîtrise des techniques de base (découpe, assaisonnement, feu) et la connaissance affinée de la nature de chaque produit pour la réussite d'un mets. Pour lui, le plaisir gastronomique n'est pas lié à la cherté des matières premières. C'est le talent du cuisinier qui doit transcender le goût naturel des aliments. Le poulet, le porc, le poisson, le canard ont chacun leur propre goût, leur propre personnalité, leur propre parfum. Ils sont mille fois supérieurs aux ingrédients chers comme les holothuries de mer ou les nids d'hirondelles, jugés insipides. L'assaisonnement doit être adapté en fonction de la nature des produits. Les ingrédients doivent être cuisinés séparément avant d'être assemblés dans une touche finale pour éviter l'interpénétration des parfums en cours de cuisson. La combinaison des ingrédients doit tenir compte des couleurs, de la texture. Invité un jour à un banquet au domicile d'un gouverneur où est servie à chaque convive une quantité importante de nids d'hirondelles sans goût, Yuan Mei fait la remarque suivante : « Nous ne sommes pas ici pour prendre livraison d'un commerce de gros de nids d'hirondelles ! » Si ses hôtes désirent impressionner leurs invités par l'opulence, il leur conseille plutôt de mettre des perles dans les bols… Il recommande aussi la modération dans la consommation d'alcool : le responsable des Rites Han Tan s'étant soûlé à mort sous l'empereur Kangxi, il rappelle à cette occasion les préceptes de Confucius : « Les rites et les convenances commencent à table. »

Calligraphie à l'ancienne d'un extrait des « Menus de Sui Yuan » de Yuan Mei.

5 RECETTES DE YUAN MEI

Quatre méthodes pour apprêter les pieds de porc

Les pieds de porc, après avoir été dépouillés de leurs ongles, sont mis à cuire dans l'eau. Ensuite, on vide l'eau et on ajoute un cattie de bon vin, une demi-tasse de sauce de soja, un canderrin de peaux de mandarines sèches, quatre ou cinq jujubes également secs et l'on met à cuire le tout, en ayant soin d'enlever les peaux des mandarines ainsi que les jujubes.

Une autre méthode est de faire cuire, d'abord, des crevettes sèches en y ajoutant du vin et de la sauce de soja pour en faire un bouillon dans lequel on fait mijoter les pieds de porc.

Un autre moyen est de cuire, d'abord, les pieds et, ensuite, de les faire sauter avec de la sauce de soja, en y ajoutant des accessoires, jusqu'à ce que leur peau devienne ridée. Cela se nomme « ragoût de pieds de porc ». Il y a des gens qui aiment, en premier lieu, manger sa couenne. On appelle cela : « Enlever le drap ».

La quatrième méthode consiste à enfermer les pieds dans deux pots de faïence ou de grès en y ajoutant du vin et de la sauce de soja ; puis les mettre à cuire au bain-marie juste le temps de consommer deux bâtonnets d'encens. On appelle cela « La viande féerique ». Chez le Taotai Kien on excelle dans la préparation de ce plat.

Hachis de poulet

Prendre seulement les deux cuisses d'un poulet gras en les débarrassant de leurs os et tendons. Bien hacher. Il faut, au préalable, avoir soin de dépouiller les cuisses de leur peau et conserver intacte cette dernière. On prend ensuite un œuf, de la farine, quelques graines de pommes de pin et l'on met le tout à hacher. Si la chair des cuisses est insuffisante on peut y ajouter celle de la poitrine. On coupe le hachis obtenu en morceaux carrés qu'on fait ensuite sauter à l'huile jusqu'à ce qu'ils deviennent jaunes. Cela fait, mettre dans un bol en y ajoutant un demi-cattie de vin de fleurs, une grande tasse de sauce de soja, et des ciboules. On couvre cet apprêt avec la peau du poulet ainsi que les os et on ajoute un bol d'eau pour faire cuire au bain-marie. Lorsqu'on sert, on enlève les os et la peau.

Canard au bain-marie

Chez le commerçant Ho Tsing Tchü, de Han Tcheou, on cuit le canard au bain-marie sans mettre d'eau. Sa recette consiste à laver et couper un canard gras en huit morceaux. On met du vin sucré et de la sauce de soja jusqu'à couvrir les morceaux de canard. On place, ensuite, dans un pot de porcelaine qu'on a soin de bien couvrir et on fait cuire au bain-marie. Il faut se servir de braise pour bien opérer la cuisson. Ces morceaux, lorsqu'on les mange, fondent dans la bouche comme de la pâte. La cuisson doit durer la valeur de deux bâtonnets d'encens.

Anguille rouge

Employer du vin et de l'eau pour faire bien cuire une anguille. On ajoute, ensuite, de la sauce sucrée et du thym. On doit bien éviter les trois inconvénients suivants qui sont toujours possibles : Si sa peau devient ridée sa chair n'est alors plus tendre. Si la chair est trop ramollie on ne pourra pas prendre les morceaux avec des baguettes. Si le sel n'est pas complètement fondu il grincera sous la dent.

Pour faire l'anguille rouge on ne doit pas laisser trop de jus afin de laisser le goût bien pénétrer dans la chair.

Aubergines

Chez mon ami Ou Chiao Kou on prend les aubergines entières que l'on pèle. On les trempe, ensuite, dans de l'eau bouillante pour les débarrasser de leur amertume. On les fait, après cela, sauter dans du saindoux jusqu'à ce qu'elles aient perdu toute leur eau. Alors, on les met à mijoter avec de la sauce sucrée. Chez mon ami Lou on coupe les aubergines en petits morceaux, tout en conservant leur peau, puis on les fait sauter à l'huile jusqu'à ce qu'elles deviennent légèrement jaunes. Alors on y ajoute de la sauce de soja. J'ai bien appris ces recettes-là mais je n'ai pu réussir à les exécuter comme chez mes amis. Cependant ou peut cuire les aubergines au bain-marie ; on les ouvre, ensuite, et on les accompagne d'huile de sésame et de vinaigre. Ce plat n'est mangeable qu'en été.

On peut, aussi, mettre des aubergines au four et dès qu'elles sont sèches on peut les servir.

*Si, pour mener à bien des études,
il faut d'abord observer et n'appliquer
qu'ensuite, il en va de même
pour le boire et le manger.*
Yuan Mei

Vers une cuisine mandchoue

Le terme « mandchou » apparaît en 1635 quand Huang-taiji (deuxième empereur Qing) veut assurer une identité culturelle commune à toutes les tribus qui l'ont aidé à conquérir la Chine. En 1644 (année d'entrée à la Cité Interdite), le mandchou, écriture nouvelle née du mongol et appelée « écriture Qing » (*qingwen*), devient avec le chinois langue officielle de la cour.

A leur prise du pouvoir, les Mandchous adoptèrent les principales institutions administratives de la cour des Ming. Ces « despotes éclairés » non chinois avaient compris la nécessité de s'inscrire dans la continuité des souverains lettrés et cultivés, rompus à la culture classique dont ils devaient être les garants, pour régner sur un empire dont la civilisation rayonnait depuis près de deux millénaires sur les pays de l'Extrême-Orient. De ce fait, ils courtisaient les lettrés chinois pour assurer une transition paisible du pouvoir. En même temps, ils mettaient en place une politique de ségrégation entre Mandchous et Chinois. Les princes et les nobles étaient invités à ne pas adopter les modes vestimentaires et la langue des Chinois pour éviter la perte de leur identité nationale.

C'est ainsi que jusqu'en 1670, la langue dominante à la cour resta le mandchou. Pour écarter les mandarins chinois du pouvoir, les documents d'Etat étaient écrits en mandchou. Le premier dictionnaire chinois-mandchou ne fut compilé qu'en 1682 par Shen Qiliang. Avec le temps, les dominants durent également apprendre la langue des dominés. Toutefois, il était interdit aux Mandchous d'adopter le système des noms chinois en trois caractères, comme de se marier avec les Chinois. A partir de 1654, chaque Chinois han dut porter la natte et se raser le devant du front, comme signe d'acquiescement à la prééminence des coutumes mandchoues.

Dans cette période d'organisation de leur pouvoir neuf, la cuisine n'était pas la principale préoccupation des souverains Qing. Le goût mandchou a dominé les tables des empereurs, de Nurhachi jusqu'à Yongzheng.

Le modèle alimentaire des Mandchous était lié à leur mode de vie : élevage et chasse. Les repas étaient composés de gibiers (de préférence de chasse à courre et mangés crus), de viandes bouillies et de produits laitiers. La présence des végétaux était rare. La place de la viande dans les repas impériaux, comme dans les précédentes dynasties, demeurait essentielle. Malgré leur volonté d'assimilation, les goûts de leur enfance hantaient sans cesse les palais impériaux. Il faudra attendre le sixième empereur des Qing, Qianlong, et plus de cent ans pour que le raffinement de la cuisine des Han soit enfin apprécié.

*Les aliments ont leurs qualités, tout comme les hommes ont les leurs. Si un homme est stupide,
recevrait-il même l'enseignement de Confucius et de Mencius, qu'il n'en saurait pas plus.
Si la qualité des aliments n'est pas bonne, fussent-ils préparés par Yi Yah
(le cuisinier favori du duché de Tchi), qu'ils n'auraient aucun goût.*
Yuan Mei

LES GOÛTS MANDCHOUS

Dès leur arrivée dans la Cité Interdite, les Qing voulurent préserver leurs particularités culinaires. Ils placèrent des cuisiniers mandchous dans tous les postes clés du service de bouche. Le reste de la brigade était complété par les cuisiniers laissés par la précédente dynastie, plus spécialisée dans la cuisine du Shandong, restée dominante à la cour des Ming malgré l'influence des autres cuisines régionales et mongole.

A cette époque, les restaurants de Pékin étaient monopolisés par les ressortissants du Shandong, lesquels fournissaient aussi la majorité du personnel de la restauration impériale. La cuisine du Shandong remonte à l'époque de Confucius, natif de cette région. Ses spécialités sont les fruits de mer, les coquilles Saint-Jacques, les calamars (frais ou séchés), les holothuries de mer, les conques, les crabes, les nids d'hirondelles et les ailerons de requin. Les oignons blancs, les cives ou les poireaux sont présents dans tous les plats, crus ou cuits, avec un goût prononcé pour le sucré.

L'art culinaire chinois

Dans un repas chinois, on distingue la nourriture principale qui assure le bol alimentaire (*fan*), composée de riz, de pâtes, de pains à la vapeur, et la nourriture accessoire (*cai*) composée de plats cuisinés à base de viandes et de légumes. Dans les repas quotidiens, la proportion de *fan* est supérieure au *cai*. Dans les repas impériaux, cette tendance est inversée.

La réussite de la cuisine chinoise se trouve d'abord dans la fraîcheur des ingrédients utilisés. Elle obéit à la règle d'or « des couleurs, des odeurs, des saveurs et des formes ». Quels que soient les ingrédients de base utilisés, ce concept, établi depuis la dynastie des Zhou, est toujours

Calamars aux haricots noirs (*youyu chao douji*)

Le calamar est très populaire dans les régions côtières de la Chine. Les Chinois incisent le calamar afin qu'il prenne une apparence de « pomme de pin » à la cuisson. Cette forme permet de mieux fixer les sauces et les saveurs. La « pomme de pin » évoque la longévité.

1 kg de calamars
100 g de pousses de bambou coupées en rectangles de 5 x 2 cm
100 g de concombres coupés en rectangles de 5 x 2 cm
100 g de carottes coupées en rectangles de 5 x 2 cm
1 oignon blanc coupé en lamelles
1 cuillère à soupe de haricots noirs écrasés
2 gousses d'ail hachées • 10 g de gingembre haché
5 cuillères à soupe de bouillon de poulet
10 g de maïzena • huile de friture

Coupez les calamars en deux dans le sens de la longueur.
Incisez le dessus de chaque morceau en formant des losanges, et en prenant soin de ne pas traverser complètement la chair.
Coupez les calamars incisés en morceaux d'environ 6 x 2 cm. Bien les laver et les sécher.
Chauffez l'huile dans un wok. Lorsqu'elle est très chaude, plongez-y les calamars pendant 5 secondes seulement. Décantez et réservez.
Gardez l'équivalent de 2 cuillères à soupe d'huile dans le wok.
Faites revenir l'ail et le gingembre. Ajoutez-y les légumes. Faites-les sauter pendant 5 minutes.
Ajoutez ensuite les calamars, les haricots noirs écrasés et la maïzena diluée dans le bouillon de poulet. Laissez épaissir la sauce.
Mélangez bien et servez.

respecté. Le plaisir gastronomique est avant tout un plaisir esthétique. La couleur du mets doit satisfaire l'œil. De même, on évitera pour l'odeur et le goût non seulement tout relent mais encore arôme qui écraserait les autres. Les narines doivent être chatouillées par des parfums subtils. L'équilibre doit être recherché entre les parfums et les couleurs. On distingue cinq saveurs de base : l'acide (*suan*), le sucré (*tian*), l'amer (*ku*), le piquant (*la*) et le salé (*xian*).

La cuisine chinoise marque avant tout le passage de la « nature » à la « culture » des différents produits utilisés. Pour cette raison, le goût naturel des aliments est toujours travaillé par un assaisonnement (gingembre, ail, alcool...) pour lui ôter son aspect « sauvage ». La nourriture est toujours consommée cuite et servie découpée pour éviter l'usage des objets tranchants à table.

Canard laqué à la sauce de soja (*jiang ya*)

La sauce de soja est le sel de la cuisine chinoise. Sa fabrication traditionnelle s'effectue avec des cultures de moisissures (*aspergillus soyae* ou *aspergillus oryzae*). Les graines de soja sont cuites à l'eau. On les mélange ensuite avec de la farine de blé et des cultures de champignons. Après une journée, on retourne les graines. Au bout de quatre jours, elles deviennent verdâtres en raison de la formation des moisissures. On les couvre de saumure puis on les laisse fermenter pendant trois mois. On extrait alors une première sauce de soja brute. Après y avoir ajouté de la saumure, on laisse reposer pendant encore un mois avant d'extraire une sauce de soja pour la seconde fois.

1 canard de 2 kg environ • 4 anis étoilés
50 g de gingembre
20 g de poudre de cinq parfums
50 g de sucre • 1/4 l de sauce de soja
huile de friture

Faites blanchir le canard, égouttez-le, puis frottez-le avec la poudre de cinq parfums sur toute la peau extérieure et à l'intérieur. Mettez-le dans un plat avec l'anis étoilé et le gingembre coupé en fines tranches. Faites cuire à la vapeur pendant deux heures. Cette cuisson permet de donner du goût au canard par l'action de la vapeur. Après cuisson, faites bien sécher le canard en le pendant.
Faites un caramel avec le sucre, puis ajoutez la sauce de soja.
Laquez la peau de canard avec le mélange caramel-sauce de soja. Badigeonnez le mélange avec un pinceau. Laissez sécher et recommencez l'opération deux fois.
Faites frire le canard laqué pour croustiller la peau. Découpez en morceaux et servez.

L'empereur Qianlong chassant le cerf en compagnie de sa favorite Xianfei.

Les Mandchous étaient un peuple de nomades qui s'adonnaient à la pêche, la chasse et l'élevage intensif, leur approche de la cuisine ne pouvait être que différente. Les aliments sont consommés dans leur état brut, sans assaisonnement, de préférence crus. Les pièces de viande sont cuisinées entières, puis découpées à table. La graisse de mouton est la matière grasse la plus utilisée. La viande de chien est taboue.

Les fleurons de la gastronomie mandchoue

L'empereur Qianlong voulait à tout prix conserver les particularismes de l'ethnie mandchoue. La consommation de gibier ou de viande bouillie faisait partie de cette tradition. Les gibiers les plus prestigieux étaient issus de la chasse à courre. Tous les empereurs Qing insistaient sur le maintien du système ancestral de la chasse à courre, mais seuls Kangxi et Qianlong le suivirent sérieusement. La grande chasse d'automne (*xian*) était à la fois un exercice militaire et rituel. Elle avait lieu dans la réserve de Mulan, située au nord de la résidence d'été de Bishushanzhuang (Refuge pour fuir la chaleur) près de Rehe (Jehol) dans le Chengde actuel.

Les Etats vassaux et les Mongols étaient invités à accompagner l'empereur à la chasse. Un système de rotation (*weiban*) était établi pour la liste des invités. Chaque chasse durait en moyenne 30 jours pour Kangxi et 20 jours pour Qianlong. Ainsi, les princes impériaux, les princesses, les ministres du gouvernement suivaient l'empereur pour continuer à gérer les affaires de l'Etat. Des « palais temporaires » (*xinggong*) étaient construits tout le long du chemin. La tente de l'empereur était de couleur jaune, entourée de 75 tentes constituant « l'espace privé » et de 254 tentes constituant « l'espace administratif », siège du gouvernement mobile.

Faisan aux fleurs de chrysanthème (*juhua zheng yezi*)

Le faisan est un plat de retour de chasse. Sa consommation est typiquement mandchoue.

900 g de suprêmes de faisan coupés en lamelles
Marinade
10 g de gingembre haché
1 cuillère à soupe de sauce de soja
1 cuillère à soupe de vin de Shaoxing
10 g de fécule
Légumes
200 g de fleurs de chrysanthème réhydratées et cuites à la vapeur pendant 30 mn
1 poivron rouge émincé
1 poivron vert émincé
2 cuillères à soupe d'huile de sésame
1 cuillère à soupe de sauce d'huître

Mélangez tous les ingrédients de la marinade et faites-y macérer les suprêmes de faisan au moins une heure.
Chauffez de l'huile dans un wok à 80 °C. Faites cuire dans cette huile les suprêmes de faisan en détachant bien les lamelles. Réservez-les et débarrassez l'huile de friture du wok.
Ajoutez l'huile de sésame, puis faites sauter les légumes. Parfumez avec la sauce d'huître. Lorsque les poivrons sont croquants, ajoutez le faisan.
Mélangez bien. Servez.

Chaque chasseur était muni d'un fusil, d'un arc, d'un aigle et d'un chien. L'animal chassé était surtout le cerf. Qianlong affectionnait particulièrement ces moments rares qui lui permettaient de s'évader de la capitale et de retrouver sa fonction de chef de horde tartare. Ces chasses n'avaient pas seulement un côté ludique et gastronomique. Elles étaient conçues comme un entraînement militaire qui permettait à l'empereur de détecter les hommes valeureux, de les promouvoir et de sanctionner ou rétrograder ceux qui ne l'étaient pas. La chasse revêtait également un aspect magico-religieux. L'ouverture en était annoncée aux ancêtres. Le gibier abattu leur était donné en offrande. Dans le rituel, l'empereur se devait de boire le sang du cerf « sacrifié », abattu par lui-même.

Le foie du cerf mangé cru ou tout simplement grillé était un mets de choix. C'était un des plats favoris de Kangxi. Le foie dans l'inconscient collectif des Chinois passait pour le siège du courage. Cette idée avait autrefois une influence telle qu'on vit des hommes tenter de manger le foie de leur ennemi ou d'un criminel qu'on avait exécuté pour avoir part à son courage.

Foie de cerf grillé (*kao lu gan*)

1 kg de foie de cerf (ou autre animal)
20 g de sel
50 g de vinaigre de riz

Coupez le foie en fines tranches.
Faites-les griller « rosées ».
Saupoudrez de sel avant de servir.
Servez avec le vinaigre de riz.

La viande de gibier était surtout consommée bouillie sous forme de *huoguo*, fondue mandchoue. Ce plat devint très populaire parmi les gourmets han. Il est composé de fines lamelles de viande (de gibier ou de mouton), de légumes divers, de fromage de soja, cuits par chaque convive dans le bouillon de la marmite et dégustés avec diverses sauces. Le *huoguo*, « marmite à cheminée », est une invention mandchoue. La marmite est montée sur une assiette supportée par un pied fin et cylindrique, et une cheminée centrale conique dont on emplit la base de charbon de bois ardent sert à chauffer un pot de forme circulaire qui l'entoure. Elle dérive d'un plat en céramique que les nomades mandchous utilisaient pour faire cuire leur viande sur un feu de camp.

Le Proverbe dit : « Il faut bien choisir la femme pour qu'elle fasse une bonne paire avec le mari. » Les Classiques disent : « On ne doit comparer les gens qu'à ceux de la même catégorie. » L'art de faire la cuisine ne diffère guère de ces axiomes.

Yuan Mei

Huoguo, « marmite à cheminée », et une écumoire ; le caractère de la longévité orne les parois et le couvercle.

La nourriture au palais était ritualisée selon la hiérarchie des rangs, mais aussi selon les fêtes et les saisons : à chacune correspondaient des préparations et des saveurs différentes, ainsi que le raconte He Rong Er, ancienne dame de cour dans la Cité Interdite.

L'alimentation à la cour variait selon les saisons. La veille du Nouvel An s'appelait Chi Xui : nuit d'Adieu à l'Age. C'était une journée exceptionnelle dans le palais. On était autorisées à faire la grasse matinée ! A onze heures seulement, nous allions nous agenouiller devant l'impératrice pour lui présenter nos vœux de bonheur. Mais surtout, le premier jour de l'année, nous avions des plateaux du printemps, posés dans des boîtes en carton sur des tables. On les appelait aussi boîtes à plateaux. Ces dernières étaient rondes ou carrées. Dans chacune d'entre elles se trouvaient douze, seize ou dix-huit boîtes en émail emplies de chou salé et de chou fumé. Après avoir mangé ces galettes du printemps, nous dégustions diverses soupes.
Le mois de mai était la saison des gâteaux. Il y en avait de toutes les formes : des carrés, des pointus, certains ressemblaient à des nœuds de cheveux ! Le mois d'août était la période des gâteaux de lune. Au début de l'été, il y avait de la soupe de riz aux pois verts ou aux petits pois. Le jour du solstice d'été annonçait la saison des nourritures froides : viandes ou poulets, saucisses en gelée. En période de canicule, on nous donnait plutôt des plats froids : des cheveux d'ange aux graines de lotus, racines de lotus aux morceaux de melon, pâtes aux amandes et soupes de riz aux feuilles de lotus. Enfin, dès la mi-octobre, apparaissaient des marmites parmi lesquelles la marmite aux dix trésors et la fondue mongole. Originaires du Nord-Est de la Chine, nous, les Mandchoues, étions particulièrement gourmandes de chou au vinaigre, de saucisse sanguine et de poitrine de poulet sans sauce de soja. Quelquefois, nous avions des marmites aux faisans. Durant une année, nous passions bien trois mois entiers à manger essentiellement des plats à marmite !
A la fête des morts, on mangeait des haricots mungo, des gâteaux aux haricots rouges et des petits pains de maïs cuits à la vapeur.
Les fruits tels les pommes, les poires, les pêches et les melons étaient attribués selon les saisons. Nous n'avions pas droit aux fruits quand nous étions en mission. Tel était le règlement.

Jin Yi, *Mémoires d'une dame de cour dans la Cité Interdite.*

Pour les autres modes de préparation des viandes, les recettes héritées du passé permettaient de concilier particularismes mandchous et han.

Les viandes en condiments ou séchées faisaient partie de la composition des huit trésors dans l'Antiquité. Qianlong avait gardé cette appellation des « huit trésors » (*babao*) qui faisait référence à des aliments rares et chers, classifiés par produits. Dans les chairs rares, les huit trésors étaient la bosse de chameau, la paume d'ours, la cervelle de singe, les lèvres de singe, le fœtus de léopard, la queue de rhinocéros, la cigale et la viande de cerf. Dans les produits aquatiques, les ailerons de requin, les holothuries de mer, les coquilles Saint-Jacques, les ormeaux, la peau de poisson, le ventre de tortue à carapace molle, l'œuf de tortue de mer et les arêtes tendres de poisson. A partir de 1779, quand Qianlong eut des troubles d'estomac, le médecin lui prescrivit le *babaogao* (gâteau aux huit trésors). Ce gâteau était composé de racines de ginseng, d'herbes médicinales de montagne, de pachyme, de graines de lotus, de farine de riz glutineux et non glutineux, de haricot mungo et de sucre candi. Qianlong en consomma durant 44 ans, de préférence avec un thé au lait.

Quand le poisson est présenté à table, la couleur de sa chair doit être blanche comme le jade, elle doit être ferme et ne point déborder. On peut dire, alors, que sa chair est fraîche. Quand sa couleur est blanche mais d'une blancheur de poudre de riz, et qu'elle se désagrège, c'est que sa chair est morte. Un poisson bien frais, que l'on cuit trop, devient immangeable et c'est, alors, véritablement détestable.

Les yeux et le nez sont les voisins immédiats de la bouche ; ils sont, également, ses intermédiaires. Les bons plats, sous le regard ou l'odorat, représentent, déjà, une couleur et une odeur ou indifférentes ou alléchantes. La couleur doit être nette comme les nuages d'automne ou jolie comme l'agate ; l'odeur parfumée qui s'en dégage doit imprégner l'odorat. Inutile d'en attendre le goût par le palais pour savoir s'il est bon.

Yuan Mei

DEUX TRÉSORS MARINS EN RECETTES

Holothuries de mer aux coquilles Saint-Jacques et œufs de caille (*congsha haishen*)

Appelées aussi concombres de mer, les holothuries de mer font partie des huit trésors marins. Les meilleures sont de couleur noire (*wu shen*) car elles sont de grande taille et très charnues.

Préparation des holothuries
150 g d'holothuries déshydratées
20 g de gingembre

Condiments
2 cuillères à soupe de sauce de soja
2 cuillères à soupe de vin de Shaoxing
1 cuillère à soupe de sauce Hoisin
20 g de zestes d'orange émincés et blanchis
2 pièces d'anis étoilé
20 g de sucre
15 g de sel
10 g de xanthoxyle (ou poivre)
1/2 l de bouillon de crustacés
20 g de maïzena

Garniture
200 g de coquilles Saint-Jacques
18 œufs durs de caille écalés
1 botte de coriandre

Réhydratez les holothuries pendant 3 jours. Changez d'eau deux fois par jour.
Faites-les bouillir pendant 1 heure avec 10 g de gingembre pour enlever toutes les impuretés (feu doux après l'ébullition).
Rincez-les à l'eau froide. Fendez sur la longueur chaque holothurie. Coupez chaque moitié en morceaux de 5 cm de large.
Faites-les bouillir à nouveau pendant 1 heure dans 10 g de gingembre. A la fin de cette précuisson, rincez à l'eau froide et égouttez bien.
Regroupez dans une marmite de terre cuite les holothuries précuites et l'ensemble des condiments sauf la fécule. Faites mijoter pendant 1 heure. Vérifiez la tendreté des holothuries, sinon, continuez la cuisson.
Avant la fin de la cuisson, ajoutez les coquilles Saint-Jacques et les œufs durs de caille. Liez la sauce avec la maïzena. Faites réduire la sauce jusqu'à ce qu'elle nappe les ingrédients.
Servez en parsemant de coriandre le plat.

Abalones aux asperges (*wosun baoyu*)

Les abalones ou ormeaux de mer font partie de la famille des mollusques à coquilles. C'est un des huit trésors des produits marins, ingrédient vedette des banquets. Ils atteignent 10 cm de long. Leur développement du stade de l'œuf à maturité prend entre cinq et dix ans. Ils ont la réputation d'être bons pour le foie, les reins et les yeux. Sans goût apparent et plutôt gélatineux, leur préparation est fastidieuse et demande une grande maîtrise du feu au risque d'être caoutchouteux. Pour être très tendres, ils doivent être braisés à la vapeur durant des heures. On peut s'épargner ce travail en les achetant prêts à cuisiner, en conserve.

2 cuillères à soupe d'huile d'arachide
10 g de gingembre
600 g d'abalones en conserve
300 g de pointes d'asperges vertes
2 cuillères à soupe de vin de Shaoxing
1/4 l de bouillon de poulet
20 g de maïzena
sel

Chauffez le wok avec l'huile de sésame et le gingembre.
Ajoutez les pointes d'asperges. Remuez pendant 2 minutes.
Ajoutez les abalones, le vin de Shaoxing. Bien mélanger l'ensemble pendant 5 minutes.
Liez avec le bouillon et la maïzena.
Rectifiez l'assaisonnement.

Les *bobos* étaient un des aliments préférés de la cour. Il s'agit de petits « pains » ou « gâteaux » farcis, salés ou sucrés. Cette appellation de *bobos* regroupe des produits différents faits à base de farine de blé, de millet, de maïs, de légumineuses. Ils peuvent êtres cuits à la vapeur, au four ou à la friture. Un des attraits principaux des *bobos* est leur esthétique. Ils imitent les animaux, les fruits ou les fleurs. Leurs formes, selon les thèmes choisis, véhiculent un message de salutations (papillons, pins verts), de souhait de bonheur (poissons rouges), de fécondité (petits lapins), de longévité (pêche aux pommettes roses et rebondies). Ces *bobos* étaient présents à chaque repas de l'empereur et à tous les banquets. Ainsi, une table de banquet supérieur était dotée de 35 livres de *bobos*, une table moyenne de 25 livres.

Feuilles d'osmanthe, Fei Danxu (1801-1850).

DEUX RECETTES DE *BOBOS*

Bobos mandchous (*saqima*)

Pâte
500 g de farine
1 œuf
10 g de levure chimique
300 g d'eau
huile de friture

Sirop
500 g de sucre blanc
1 verre d'alcool d'osmanthe (ou de grand-marnier)
100 g de graines de sésame
huile

Confectionnez une pâte souple avec la farine, la levure, l'œuf et l'eau.
Divisez la pâte obtenue en plusieurs morceaux. Etalez chaque morceau et découpez-le en grosses lanières.
Faites frire les lanières de pâte.
Faites un sirop avec le sucre et l'alcool. Au blanc cassé, ajoutez les graines de sésame et les lanières de pâte cuites. Mélangez bien pour enrober les lanières de pâte de sirop.
Débarrassez le mélange sur une table huilée dans un cadre carré de 30 cm. Pressez bien le gâteau dans le cadre. Laissez refroidir puis coupez en cubes.

Bobos au sésame (*zhimabing*)

Ces *bobos* étaient aussi très populaires à l'extérieur de la Cité Interdite. Ils peuvent être mis en forme dans des moules représentant différents motifs (longévité, bonheur, paix).

650 g de farine
100 g de sucre
100 g d'eau
1 œuf
100 g de graines de sésame grillées
huile de friture

Faites un sirop avec le sucre et l'eau. Laissez refroidir.
Ajoutez l'œuf en mélangeant bien.
Ajoutez ensuite la farine pour faire une pâte souple.
Divisez la pâte en 9 morceaux. Formez-les en boule puis aplatissez-les sous forme de galette. Recouvrez les *bobos* de sésame (en pressant sur les graines de sésame) et faites-les frire.

La dégustation des *bobos* était intimement liée à la consommation du thé au lait, lequel était présent à tous les repas privés ou officiels. Dans les banquets, un service indépendant lui était réservé. Il ne s'agissait pas d'une simple boisson, mais d'une nourriture riche et stimulante, comme un plat cuisiné. Ce thé au lait fort et aromatisé se préparait en faisant chauffer de l'eau, en y versant le lait de vache, de brebis ou de jument, et en ajoutant le thé en sachet avec du sucre candi ou du sel. Le tout devait cuire lentement puis être versé dans la théière. Pour le thé salé, du beurre était ajouté pour donner la note finale. Contrairement aux Yuan qui buvaient abondamment le koumis, le lait utilisé à la cour des Qing n'était pas alcoolisé. Chaque jour, 50 vaches étaient au service de l'empereur pour lui fournir au minimum 50 litres de lait. Il lui était alloué 12 bacs d'eau de la Source de Jade, 1 livre de beurre, et 75 paquets de thé de 2 onces (100 grammes). L'allocation de l'impératrice pour le thé était de 25 vaches pour 50 litres de lait, 12 bacs d'eau de la Source de Jade, 10 sachets de thé de 2 onces. Ces vaches suivaient aussi l'empereur lors de ses déplacements.

Thé au lait (*naicha*)

1/2 l d'eau
1/2 l de lait
50 g de feuilles de thé
20 g de sel ou 50 g de sucre (selon goût)
50 g de beurre

Faites bouillir l'eau et le lait avec le sel (ou le sucre).
Infusez les feuilles de thé dans le liquide chaud pendant cinq minutes.
Filtrez les feuilles de thé et versez la boisson dans une théière.
Ajoutez le morceau de beurre dans la théière.
Servez.

Parmi les friandises typiquement mandchoues qui accompagnaient les plaisirs du thé et des *bobos*, se trouvaient les *miqian* (viandes, fruits, graines et racines confits au sucre). Les plus prisés étaient la pomme, le gingembre, le rhizome de lotus, le litchi, l'abricot, la prune, l'amande, la graine de lotus, le raisin, la mandarine, le kumquat, la cerise, le melon, la noix de coco. La viande confite était surtout faite de lamelles de porc.

Les boissons sous les Qing

L'empereur Qianlong était un consommateur modéré de vins et d'alcools. Sa boisson préférée et celle de toute la cour des Qing était le thé au lait, véritable institution.
Les vins et alcools régulièrement servis à la cour des Qing étaient de huit sortes.
L'eau-de-vie parfumée aux lotus (*lianhuabaijiu*) est une eau-de-vie fortifiante à base de sorgho, parfumée aux fleurs de lotus et enrichie de plantes médicinales comme la racine d'astragale, l'angélique, l'écorce d'acanthopanax. C'était l'alcool servi dans les banquets officiels et le préféré de l'empereur Guangxu et de l'impératrice Cixi.
Le vin aux chrysanthèmes (*juhuabaijiu*) remonte à la dynastie des Han. C'est l'alcool festif pour célébrer la fête du « Double-Neuf » (*chong yang jie*). Ce jour est marqué principalement par la coutume de se rendre dans les montagnes et collines avoisinantes pour y passer la journée et boire le vin aux chrysanthèmes pour se souhaiter une longévité éternelle. Il est fabriqué à partir de la fermentation du millet à panicule, avec du ginseng, du licyum et de l'aquilaria.
Le vin de longévité (*shoumianjui*) est un vin moelleux très sucré à base de céréales turques ou de millet. C'est un alcool pour se remettre d'une fatigue. L'empereur Kangxi en était un grand consommateur. Il en offrait régulièrement à son entourage.
L'alcool médicinal de longévité (*guilingjiyaojiu*) est un

alcool thérapeutique avec ou sans ginseng, utilisé par Yongzheng et Qianlong. L'alcool était macéré avec le rhizome de rhemannia, l'asparagus, l'angélique, la cistacée saline, le licyum, l'écorce d'eucommia…

Le vin de pin (*songlingjiu*) était un vin quotidien macéré avec des racines de pin.

L'alcool au sang de cerf (*luxuejiu*) était du sang de cerf frais mélangé avec de l'alcool. C'est une boisson issue des habitudes de chasse des Mandchous, réputée très fortifiante.

Le vin de litchis (*lijijiu*) se rapproche plus d'un jus de litchis que d'un véritable vin. En plus du thé au lait, c'est une des rares boissons quotidiennes de Qianlong. Il l'utilisait pour porter les toasts au cours des banquets.

L'alcool de la Source de Jade (*yuquanjiu*) est l'alcool le plus prestigieux au niveau symbolique. Fabriqué avec l'eau de source sélectionnée par Qianlong, c'était l'alcool par excellence des banquets.

L'éducation du goût

Les goûts et les préférences alimentaires de l'âge adulte sont le fruit d'une éducation sensorielle qui débute dès l'enfance. Les enfants impériaux n'échappent pas à cette règle. Les jeunes princes vivaient « avec leur mère » jusqu'à l'âge de six ans. Dès la naissance, ils possédaient déjà leurs propres dames de cour (*momo* en mandchou) et deux ou trois nourrices (« mère de lait », *meme eniye* en mandchou). De ce fait, les contacts avec les mères étaient réduits au minimum. Leur « existence » commençait le jour du « mois révolu » (*manyue*), soit un mois après la naissance. Ils étaient alors inscrits sur les registres du Guangchusi pour la généalogie. Dès lors, ils recevaient une dotation quotidienne de viandes, de légumes, de graines, de bougies, de charbon pour le chauffage et la cuisine. Ils recevaient aussi chaque mois 10 taels d'argent, une allocation de thé et une indemnité d'or, d'argent, de tissus et de fourrures. Ces jeunes enfants étaient

Giuseppe Castiglione.
Les plaisirs de l'empereur
aux festivités du Nouvel An.

L'école commune des enfants impériaux ne date que de Yongzheng. Les Mandchous avaient mis du temps à adopter la pratique chinoise de mettre les enfants à l'école dès six ans. L'empereur Kangxi ne commença ses études de lettres confucéennes qu'à l'âge de 16 ans. Les cours avaient lieu au Shangshufang, à l'aile du Palais de la Pureté Céleste (Qianqinggong) où l'empereur conduisait les affaires d'Etat, et étaient dispensés en mandchou, mongol et chinois. Les sujets militaires, l'équitation, le tir à l'arc occupaient une place importante, en plus des quatre livres confucéens et des cinq classiques.

Les relations de l'empereur avec ses enfants étaient très protocolaires. En privé, ceux-ci l'appelait ama, « papa » en mandchou. Il lui arrivait souvent d'aller voir les jeunes princes à la salle d'étude ou d'observer leurs exercices matinaux. Mais officiellement, il n'y avait pas de repas partagé. Les princes mangeaient ensemble dans la salle de cours même. L'empereur Kangxi, qui avait remarqué l'intelligence de son petit-fils Qianlong, décida de suivre personnellement son instruction dès l'âge de douze ans. De ce fait, Qianlong hérita des préférences culinaires de son grand-père, du moins au début : Kangxi aimait particulièrement la chasse et la vie au grand air ; il séjournait volontiers dans sa retraite à Jehol pour échapper aux obligations et à la vie strictement réglementée de la Cité Interdite. Il aimait les brèmes et les carpes qu'il pêchait lui-même dans les torrents de montagne au petit matin. Il les faisait enduire de graisse de mouton avant de les faire frire dans du saindoux. Il était friand de venaisons, justes rôties à la broche dans une tente installée sur la pente d'une montagne ensoleillée. Il adorait le foie de cerf, fraîchement tué, assaisonné de sel et de vinaigre et qu'il découpait et grillait lui-même. Pour lui, rien ne remplaçait le goût suave des poires sauvages, des pêches, des pommes, des abricots, des prunes et des melons de sa terre natale.

particulièrement suivis par les médecins de la cour et les diététiciens pour les protéger de la variole, responsable majeure de la mortalité infantile de l'époque. Après la mort du père de Kangxi de la variole, cette maladie devint une spécialité médicale au sein de l'office médical impérial (taiyiyuan) dès 1747. Les repas mandchous des enfants étaient suivis au niveau diététique. Les quantités consommées dépendaient de la patience et de l'affection des nourrices. Ces nourrices étaient âgées en moyenne de 31 ans et souvent l'affection qui les liait aux jeunes princes restait indéfectible. Qianlong, par exemple, offrit à sa nourrice une résidence modeste et 1 000 taels d'argent par an. Chaque prince vivait de manière isolée. Jusqu'à son entrée à l'école, moment où la vie des jeunes princes devenait collective, et où leur allocation passait de 10 à 50 taels d'argent.

DEUX RECETTES QUE GOÛTAIT L'EMPEREUR KANGXI

Poisson consacré par le palais (gong men xian yu)

La « montagne de la porte du palais impérial » (*gong men ling*) était un carrefour sur la route qui menait vers le Sud. En 1670, Kangxi y faisait halte dans une petite auberge pour se restaurer. Un « poisson au ventre fleuri » (*fu hua yu*) lui était servi. Il fut tout de suite séduit par le goût et la qualité exceptionnelle du plat dans un tel établissement. Dans son enthousiasme, il calligraphia sur la devanture « Poisson consacré par le palais » (*gong men xian yu*). Cette calligraphie de l'empereur fut reconnue, par la suite, par les membres de la cour. Le poisson fut rebaptisé en « poisson consacré par le palais ».

Poisson
1 carpe (ou un turbot) de 750 g
10 g de sel • 20 g de fécule
3 blancs d'œuf • huile d'arachide
Accompagnement
30 g de ciboulette • 20 g d'ail
30 g de piments rouges hachés
50 g de jambon en dés
50 g de pois gourmands en dés
100 g de filet de bœuf émincé
25 g de crevettes séchées
25 g de pousses de bambou en dés
Sauce
30 g de vin de Shaoxing • 50 g de sauce de soja
20 g de sucre • 25 g de vinaigre de riz

Nettoyez le poisson. Prélevez délicatement la chair en gardant intactes la tête, l'arête et la queue. Laissez la peau sur les filets de poisson mais enlevez toutes les arêtes. Posez les filets de poisson, le côté chair vers vous, sur une planche. Incisez chaque morceau en diagonale en prenant garde de ne pas traverser entièrement la chair. Tournez les filets dans l'autre sens (toujours avec le côté chair vers vous) et répétez l'opération en traçant des incisions sur celles déjà faites pour obtenir des losanges. Coupez les filets en morceaux de 6 x 2 cm. Salez.
Faites frire l'arête de poisson avec sa tête et sa queue. Disposez-la dans un plat.
Faites une pâte à frire en mélangeant la fécule avec les blancs d'œuf.
Enrobez les morceaux de poisson dans cette pâte. Faites-les frire dans l'huile d'arachide. Après cuisson, disposez-les sur l'arête de poisson frite.
Mettez deux cuillères à soupe d'huile dans le wok très chaud. Faites sauter la ciboulette, l'ail et les piments rouges pendant 5 secondes. Ajoutez le bœuf, le jambon, les pois gourmands, les crevettes séchées, les pousses de bambou. Sautez l'ensemble pendant 7 minutes. Ajoutez ensuite le vin, la sauce de soja, le sucre et le vinaigre de riz pour faire une sauce. Dès la première ébullition, videz le contenu du wok au-dessus des morceaux de poisson frits. Servez.

Fromage de soja aux huit trésors (*babao doufu*)

Vu l'état de sa dentition vers la fin de sa vie, Kangxi penchait pour les mets de consistance moelleuse. Cette création des cuisines impériales de fromage de soja aux huit trésors enchantait Kangxi.

600 g de fromage de soja
50 g de blanc de poulet cuit coupé en dés
50 g de jambon fumé coupé en dés
4 champignons parfumés trempés 20 mn dans l'eau, puis coupés en dés
50 g de petites crevettes
50 g de coquilles Saint-Jacques coupées en dés
50 g d'amandes de pastèque
2 cuillères de graisse de canard
1/4 l de bouillon de poulet

Coupez le fromage de soja en dés. Faites-le blanchir à l'eau chaude.
Chauffez la graisse de canard dans le wok. Ajoutez tous les ingrédients, sauf le fromage de soja et le bouillon. Laissez révéler tous les parfums pendant 10 minutes.
Ajoutez enfin le fromage de soja et le bouillon de poulet. Laissez réduire le bouillon jusqu'à la consistance sirupeuse. Liez la sauce à la fécule si nécessaire.

Vers l'âge de 14 ou 15 ans, les jeunes princes se mariaient, devenant adultes et voyant leurs privilèges augmentés. En 1826, le fils de l'empereur reçut 500 taels d'argent, un mois après son mariage, et un titre princier. Les rations alimentaires augmentaient également, ainsi que le nombre de dames de cour pour la jeune épouse. Une résidence hors de la Cité Interdite leur était en principe octroyée, avec frais d'entretien et pension. Cependant, il était rare que les enfants quittent la Cité Interdite, retenus par la tendresse paternelle (Kangxi eut 56 enfants, Qianlong 26, Daogang 19). Les quatre empereurs Qianlong, Jiaqing, Daoguang, Xiafeng n'ont jamais quitté la Cité Interdite avant d'accéder au trône.

Les princes étaient assignés à des fonctions dans le palais, accompagnant l'empereur dans son quotidien lors des sacrifices d'Etat ou durant ses déplacements, assurant les sacrifices à l'autel des Ancêtres les 1er et 15 de chaque mois, supervisant des sacrifices sur les tombes ancestrales, coordonnant les arrangements des mariages, planifiant les funérailles, escortant les cercueils dans les mausolées impériaux, prenant part aux rituels chamaniques. Ils représentaient l'empereur à l'extérieur de la Cité Interdite et exécutaient à sa place toutes sortes de sacrifices.

Leurs sorties étaient l'occasion de découvrir le monde extérieur et d'aller à la rencontre de nouvelles saveurs. Si la cuisine de la cour est mandchoue, à l'extérieur des murs de la Cité Interdite, la cuisine chinoise ne cesse d'évoluer dans son raffinement. C'est ainsi qu'à l'âge de quarante ans, lors de sa première inspection du Sud de la Chine, Qianlong était tombé amoureux de la cuisine de Suzhou. Ces tournées d'inspection étaient une tradition importante qui remontait à l'époque des Xia. Il s'agissait pour le Fils du Ciel de quitter la capitale de l'empire pour aller inspecter les provinces et les vassaux. Qianlong se rendit au total six fois dans le Sud : à 40 ans en 1751, à 46 ans, à 51 ans, à 54 ans, à 69 ans avec Heshen son favori et à 73 ans. Il ramena de ces voyages des souvenirs culinaires, des recettes et même des cuisiniers ! L'acceptation progressive de la cuisine chinoise han au sein de la cour contribua à réduire la distance entre dominés et conquérants des premiers jours. Peu à peu, les Qing se sinisaient…

Chaque mets a son goût propre et il faut se garder de faire des mélanges. Ainsi fait le Sage qui donne son enseignement d'après le degré d'intelligence et les capacités d'assimilation de son élève. Il n'existe pas d'application déterminée et c'est aussi pourquoi l'on dit : « Les Sages aident les gens à compléter leur Vertu. » Je vois, dans les cuisines des gens vulgaires, qu'on met, ensemble, du poulet, du porc et de l'oie à cuire dans un même récipient pour faire de la soupe. Des milliers de mains de cuisiniers font malheureusement de même. Le goût obtenu ressemble absolument à de la cire. Si le poulet, le canard, le porc et l'oie avaient encore leur âme ils iraient, sûrement, intenter un procès devant le Dieu des Enfers pour accuser l'auteur de leur meurtre inutile. C'est pourquoi un bon cuisinier doit posséder beaucoup de fourneaux, poêles et casseroles ainsi que de nombreux bols, plats, etc. afin que chaque mets puisse être cuisiné à part et conserve, ainsi, le goût qui lui est propre.

Yuan Mei

Poulet ivre aux pousses de bambou printanières (*chun sun caoji*)

Il s'agit d'une spécialité de Suzhou que Qianlong goûta lors de son voyage vers le Sud. Qianlong n'était pas amateur d'alcool. Il est étonnant que cette recette fortement alcoolisée soit référencée à la cour.

1 poulet de 1 kg
150 g de pousses de bambou coupées en morceaux
1 bouteille de vin de Shaoxing
50 g de sel
50 g de gingembre
1/4 l de marc d'alcool

Faites blanchir le poulet.
Regroupez dans une marmite en terre cuite le poulet, les pousses de bambou, le vin, le sel et le gingembre.
Mijotez deux heures à feu doux.
Ajoutez le marc d'alcool avant la fin de la cuisson.

A gauche : Rouleau d'inspection de l'empereur Kangxi dans le Sud, dynastie Qing.
Ci-dessus : Fèves et bambous, Fei Danxu (1801-1850).

Quand des Chinois invitent des Mandchous ou vice-versa, s'ils commandent des plats à leur goût, l'on a immédiatement la sensation, en goûtant au plat présenté, d'une saveur nouvelle et agréable et l'on peut être sûr de ne point faire de faux pas. Mais si, par contre, l'on veut exagérer la politesse et que des Chinois invitant des Mandchous veuillent se mêler de faire de la cuisine mandchoue ou que des Mandchous invitant des Chinois veuillent leur servir des plats chinois, c'est tout comme si l'on dessinait un tigre ne ressemblant qu'à un vulgaire chien ! L'apparence y sera ; mais le goût n'y est point !

Yuan Mei

L'empereur Qianlong assiste aux exercices exécutés par les soldats des Huit Bannières en présence des princes et dignitaires mongols, Giuseppe Castiglione.
Pages 42-43 : Les envoyés tartares présentant leurs chevaux à l'empereur Qianlong, Giuseppe Castiglione, dynastie Qing, 1757.

L'ORGANISATION DU SERVICE DE BOUCHE

La population mandchoue était répartie en huit bannières (*Ba qi*), fondées sur l'organisation tribale des *niulu*. A l'origine, pendant les campagnes militaires ou la chasse, les Mandchous se groupaient en unités de base de dix personnes chacune, appelées *niulu*. Sous le système des « Huit Bannières » de Nurhachi (premier empereur de la dynastie mandchoue), chaque *niulu*, considérablement agrandie, comptait 300 personnes ; 5 *niulu* ou 1 500 personnes formaient un *jiala*, et 5 *jiala* ou 7 500 personnes une bannière. Il y avait en tout huit bannières, représentées chacune par un drapeau de couleur distincte : jaune, rouge, bleu, blanc, ou bordé de jaune, de rouge, de bleu, de blanc. Ce système de bannières visait à organiser la population selon des règles militaires, afin d'assurer une plus grande efficacité dans la guerre comme dans le travail. Cette institution originale dans l'histoire de Chine fut aussi un des instruments grâce auxquels les souverains Qing purent affirmer leur domination sur l'empire. Les trois bannières supérieures constituaient la Maison impériale ou Neiwufu. Les membres du Neiwufu étaient des *baoyi*, c'est-à-dire des prisonniers des campagnes précédentes conformément aux habitudes des Mongols qui en faisaient des esclaves. Sa structure générale comportait les Sept Directions et les Trois Cours (*Qi si san yuan*). La première direction s'occupait du Trésor impérial, dont dépendaient les Six Magasins (*liu ku*) qui géraient l'or, l'argent, les perles, les pierreries, les fourrures, les soies, le thé, les porcelaines ainsi que la garde-robe (*yiku*). Les autres directions s'occupaient des cérémonies et des eunuques, de la gestion des domaines impériaux, de la garde et des chasses, de la police, des bâtiments, des pâturages et des troupeaux qui fournissaient la viande de table et de sacrifice.

Les Trois Cours comprenaient l'écurie, l'armurerie et les parcs et jardins. La Maison impériale comptait 402 officiers en 1662, 1623 en 1796, près de 3 000 à la fin du XIXe siècle, répartis en 56 bureaux. Le service de bouche était placé sous le contrôle du bureau des Affaires Intérieures. Il veillait au respect des hiérarchies ; à l'établissement des menus en accord avec la diététique, les rituels et les saisons ; à l'approvisionnement régulier de la cour ; à la préparation des mets et boissons selon des prescriptions strictes ; au bon déroulement du service des repas par les eunuques et les dames de cour.

Pieds de porc à la Dongpo (*jiudun Dongpo di*)

Ce plat apparaît pour la première fois dans les menus de Qianlong en janvier 1783. Originaire de la ville de Hangzhou, il porte le nom célèbre de Su Dongpo. Ce dernier était à la fois poète, homme d'Etat, gourmet raffiné, une combinaison de talents loin d'être rare dans l'histoire chinoise. Su Dongpo vécut sous la dynastie des Song. Parce qu'il avait enfreint les décisions de l'empereur, il fut écarté de la cour et envoyé à Hangzhou comme gouverneur en punition de son forfait entre 1036 et 1101. A sa prise de fonction, il découvrit une population découragée et ruinée. Les champs avaient été inondés par le débordement du lac de l'Ouest. Il mobilisa tous les paysans afin de construire des digues, retracer les champs et mieux canaliser les eaux. La récolte fut bonne l'année suivante. Pour exprimer leur reconnaissance à leur gouverneur, les paysans lui offrirent du porc et du vin. Ne sachant comment utiliser cette abondance de nourriture, il ordonna à son cuisinier de faire mijoter l'ensemble des ingrédients reçus, puis de les redistribuer aux défavorisés pour que ces derniers puissent passer un nouvel an décent. Il avait précisé au cuisinier d'offrir le porc cuisiné avec le vin, en chinois *lian jiu yiqi song*. Le cuisinier avait compris qu'il fallait mijoter le porc avec le vin, en chinois *lian jiu yiqi shao*. Cette erreur améliora largement les qualités gustatives du plat. Le peuple fut touché par son geste et baptisa le plat à son nom.

1 kg de pieds de porc nettoyés
1/4 l de sauce de soja foncée
1/2 l de vin de Shaoxing
50 g de sucre roux
50 g de gingembre

Faites blanchir les pieds de porc.
Regroupez tous les ingrédients dans une marmite en terre.
Couvrez.
Faites cuire à feu doux pendant 4 heures.

Les fonctions du service de bouche

Au début de la dynastie des Qing, trois offices composaient le service de bouche de l'empereur, appelé Yuchashanfang : les deux offices des thés et des collations impériales, le Qingchafang et le Chafang ; et l'office de cuisine impériale, le Shanfang.

Les effectifs de ces trois offices comptaient 166 personnes et se décomposaient de la manière suivante :

Qingchafang : 3 chefs, 4 seconds, 36 aides, 17 suivants, soit 60 personnes.

Chafang : 4 chefs, 16 aides, 8 suivants, soit 28 personnes.

Shanfang : 3 chefs, 2 seconds, 15 aides, 35 suivants, 3 officiers de boucherie, 20 aides des officiers de boucherie, soit 78 personnes.

Les deux offices des thés et des collations étaient situés au sud-est, à proximité de la Salle de l'Harmonie Suprême (Taihedian) et de la Salle de l'Harmonie Préservée (Baohedian). L'office de cuisine était situé au nord-ouest, à proximité de la Salle de la Nourriture de l'Esprit (Yangxindian) et du Palais de la Pureté Céleste. Ils étaient très éloignés des lieux de résidence des convives, même s'ils étaient situés dans la partie privée, la Cour Intérieure, de la Cité Interdite. Cette position géographique s'explique par des raisons de sécurité. La Cité Interdite était non seulement la résidence de l'empereur et de ses épouses, mais aussi le siège du gouvernement. Elle était divisée en deux parties. Au sud, la Cour Extérieure (*waichao*) ou Cour

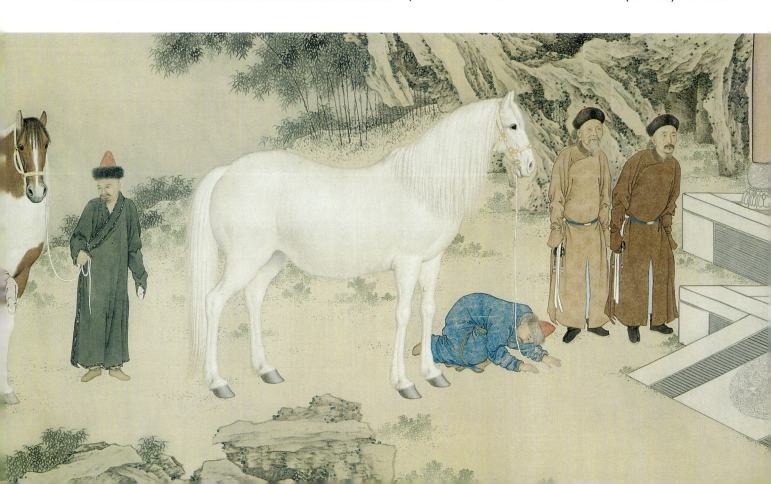

Antérieure (*qianchao*). Elle comprenait les espaces et édifices destinés à la vie officielle des institutions qu'elle abritait. Elle était le haut lieu de la mémoire, de la puissance et de la continuité administrative de l'empire. Au nord, l'ensemble des résidences et jardins réservés à la vie personnelle du souverain, de sa famille et de sa domesticité formait le *neiting* ou *neichao*, la Cour Intérieure.

Chaque jour, des milliers de personnes allaient et venaient : princes, nobles, hauts fonctionnaires, artisans, fournisseurs en produits alimentaires et cuisiniers. Les entrées et les sorties étaient sévèrement contrôlées par les gardes. Seuls la garde impériale, les eunuques, les dames de cour et la famille impériale logeaient dans le palais. On entrait par la Porte de l'Est, qu'on franchissait obligatoirement à pied, à moins d'avoir mérité le haut privilège d'entrer au palais en chaise ou à cheval. Pour éviter que les gardes ne consomment de l'alcool durant leur service, Yongzheng interdit les échoppes de boissons alcoolisées aux portes de la Cité Interdite.

Outre ces trois offices, le service de bouche comportait six autres services créés par les empereurs antérieurs.
Le service du vinaigre, des sauces et des alcools, créé par Shunzhi en 1653 :
Il était chargé de la sélection des ferments et levures nécessaires à la production des alcools et du vinaigre. Il était chargé de la production du vinaigre, des alcools de table et thérapeutiques ainsi que des différentes sauces. Il préparait les boissons et les sauces pour chaque repas. L'effectif comptait 16 préposés aux alcools, 16 préposés au vinaigre, 16 préposés aux sauces, soit 48 personnes.

Légumes saumurés au vinaigre (*tangcu cai*)

Ces légumes étaient préparés par le service du vinaigre, des sauces et des alcools. L'opération avait lieu au printemps pour tirer toute la quintessence des légumes.

400 g de concombres
300 g de navets • 300 g de carottes
20 g de sel
Saumure au vinaigre
1/4 l de vinaigre de vin
2 feuilles de laurier
40 g de sucre
2 gousses d'ail

Coupez les légumes en lanières. Faites-les dégorger au sel.
Portez à ébullition les ingrédients de la saumure au vinaigre. Laissez refroidir puis versez sur les légumes dégorgés.
Laissez macérer 48 heures avant de servir.

Le service des fruits et des légumes, créé par Kangxi en 1694 :
Il était chargé de l'approvisionnement en fruits et légumes, de la gestion, de l'entretien et de la récolte des jardins, vergers et domaines impériaux. Il fournissait à la cuisine impériale les fruits et légumes prêts à l'emploi. Le service comptait 2 directeurs, 1 responsable et 75 préposés, soit 78 personnes.

Le service des trois magasins, créé par Yongzheng en 1723 :
Il était chargé de l'approvisionnement des produits d'épicerie comme le riz, le millet, la farine, le sel, le miel, le sucre, l'huile, le sorgho, les bougies… et les objets des offrandes rituelles. Le service était structuré avec 3 directeurs, 9 responsables, 18 adjoints et 108 aides, soit 138 personnes.

Le service des bobos intérieurs, créé par Yongzheng en 1724 :
Il était chargé de la confection des *bobos*, pâtisseries sucrées ou salées pour la consommation exclusive de la famille impériale. Il employait 1 chef, 2 seconds, 20 aides, 44 suivants, soit au total 67 personnes.

Le service des bobos extérieurs, créé par Yongzheng en 1724 :
Il était chargé de la confection des *bobos*, pour les banquets et les collations officielles. Il employait 3 chefs, 3 seconds, 20 aides, 90 suivants, soit au total 116 personnes.

Le service du Grenier de l'Abondance, créé par Qianlong en 1773 :
Composé de 2 directeurs, il gérait les entrepôts impériaux.

Derrière cette organisation officielle, il existait des cuisines particulières attenantes aux palais qui servaient d'offices, compte tenu de l'éloignement des cuisines impériales. Ces offices servaient surtout à la préparation des petits-déjeuners, des collations ainsi que de lieu de repos et de repas aux eunuques et dames de cour.

Le petit-déjeuner de l'impératrice Cixi

Après que l'impératrice avait fumé deux fourneaux de pipe, le vieil eunuque Zhang Fu lui offrait son thé au lait. L'impératrice aimait autant le lait humain que le lait de vache. Vous savez que, pour le petit-déjeuner, on avait gardé les coutumes mandchoues, et nous buvions du lait de femme ou du lait de vache, auquel on avait ajouté du thé. Le thé au lait n'était jamais préparé à la cuisine impériale mais dans le petit four à thé à l'intérieur du palais des Beautés. On évitait ainsi de parcourir une trop grande distance, et le thé du vieil eunuque Zhang Fu était très fiable ! En même temps, la cuisine de la Longévité devait préparer les petits-déjeuners avec toutes sortes de soupes, aux vermicelles, aux amandes, au lait de soja, à la moelle de bœuf, présentées dans une boîte à repas spéciale, que recouvrait une étoffe jaune aux motifs de dragons dans les nuages. Nous l'appelions « le paquet ». Le paquet était donné à Cui Yu Gui qui lui-même le portait à Li Lian Ying à la porte du palais, qui le présentait à l'eunuque Zhang Fu, tout près de la table de l'impératrice... Zhang Fu ouvrait le paquet et le présentait à Li Lian Ying. C'était Li Lian Ying qui montrait les plats à l'impératrice. La règle ancestrale interdisait que l'on ouvre les paquets avant que l'impératrice les ait vus de ses propres yeux. Elle s'asseyait dans la chambre claire, sur le lit, face à l'est. On avait déjà installé une petite tablette sur le lit, et par terre une autre table en bois de pêcher. Les deux tables formaient un ensemble. Dans le coffre à repas, il y avait une vingtaine de plats pour le matin. Après le petit-déjeuner, l'impératrice se rafraîchissait de nouveau la bouche, buvait un demi-verre de thé et fumait de nouveau une pipe.

Jin Yi, Mémoires d'une dame de cour
dans la Cité Interdite.

DEUX RECETTES POUR UN PETIT-DÉJEUNER IMPÉRIAL
(ET CONSISTANT)

Bouillie de riz au mouton (*yanggeng*)

Nature, la bouillie de riz est le plat typique des petits-déjeuners du matin. Elle est mangée sucrée ou salée. C'est aussi le plat de convalescence pour permettre au patient de retrouver l'appétit et d'hydrater le corps. Elle peut être confectionnée avec un bouillon pour plus de saveur. Elle peut être garnie d'ingrédients pour constituer un véritable repas. Il y a par exemple la bouillie de riz aux œufs de cent ans et à la viande de porc, la bouille de riz aux lamelles de poisson cru, la bouillie de riz au poulet... Les Mandchous l'accommodent avec de la viande de mouton. La bouillie prend alors de nom de *yanggeng*.

50 g de riz glutineux
50 g de riz parfumé
200 g de viande de mouton
2 l d'eau
1 cuillère d'huile d'arachide

Coupez la viande de mouton en dés.
Lavez les deux riz à l'eau.
Portez à ébullition l'eau, l'huile et la viande, puis ajoutez le riz.
Après la reprise de l'ébullition, réduisez le feu et laissez cuire très doucement pendant deux heures.

Gâteau de farine de pois (*wandou huang*)

Ce gâteau était une spécialité des rues de Pékin. Introduit à la cour au début des Qing, il est souvent cité dans les menus de petit-déjeuner de Qianlong. Il est référencé à la cour jusqu'à la fin des Qing. L'impératrice Cixi en raffolait. Ce gâteau, aux ingrédients plus que simples, est très complexe dans sa réussite. Elle est basée sur l'émulsion à chaud du sucre et de la purée de pois verts par la maîtrise de la quantité qui doit demeurer dans la pâte obtenue.

500 g de pois verts
350 g de sucre

Faites cuire les pois verts à l'eau.
Après cuisson, égouttez-les puis passez-les au tamis pour enlever les peaux et les réduire en purée.
Mettez la purée obtenue dans le wok avec le sucre et faites chauffer.
Durant toute la cuisson, tournez sans arrêt le mélange.
Lorsque la pâte commence à s'épaissir, arrêtez la cuisson.
Débarrassez la pâte sur une plaque huilée.
Recouvrez le dessus avec du papier sulfurisé huilé pour éviter la formation d'une croûte.
Après refroidissement, coupez la pâte en petits carrés.

La population permanente du palais était de 9 000 personnes à la fin du XVIIIe siècle et de 6 000 à la fin du XIXe siècle. Pékin comptait environ 700 000 habitants. Le service de bouche assurait 12 000 repas par jour en moyenne, déjeuner, dîner et collations compris. Les repas des administratifs du palais n'étaient pas assurés par le service de bouche. Ces derniers se restauraient aux échoppes installées devant les portes de la Cité Interdite. Dans sa nouvelle organisation hiérarchique en 1759, les effectifs du personnel furent revus. Sur 4 950 personnes au service de la maison impériale, plus de 400 personnes officiaient au service de bouche de l'empereur, avec en plus 150 eunuques qui assuraient le service des repas.

L'organigramme du service de bouche montre que les effectifs les plus importants étaient dédiés aux deux services des *bobos* (183 personnes) et au service des thés et des collations (88 personnes). L'office de cuisine impériale chargé de la confection des principaux repas ne comptait que 78 personnes. Ceci montre que l'idéal gastronomique des Qing était plus dans l'art du thé et des collations que dans les repas traditionnels.

Soupe de pommes (*xiang ping guo*)

La pomme est le symbole de la paix. Les fleurs de pommier symbolisent aussi la beauté d'une femme. Yang Guifei, célèbre maîtresse d'un empereur de la dynastie des Tang, était appelée « la fille du pommier d'amour » (*hai tang nu*). Ce plat de bon augure pouvait être servi à l'occasion d'une collation, même si celles-ci étaient loin de se limiter aux plats sucrés.

300 g de pommes (golden de préférence) coupées en quartiers
200 g de sucre candi
1 litre d'eau
1/4 l d'alcool d'osmanthe (ou de grand-marnier)
100 g de cerises dénoyautées

Faites bouillir ensemble les pommes, le sucre candi et l'eau.
Laissez mijoter à feu doux pendant 30 minutes. Réduisez le jus de moitié.
Ajoutez l'alcool en fin de cuisson.
Décorez de cerises (à mettre au dernier moment pour éviter la coloration de la soupe en rouge).
Servez frais.

Transport de condiments, Yao Wen-Han, dynastie Qing.

Si les services des *bobos*, des thés et des collations ne méritent pas une description détaillée, celui de la cuisine impériale se révèle instructif car chaque poste y avait une fonction ritualisée.

Les officiers de la boucherie ou paoren :
Ils étaient chargés de fournir les viandes fraîches à la cour. Ils s'occupaient aussi de l'abattage. Avant de livrer les viandes aux différentes parties de la cuisine, ils faisaient le tri sur les qualités des chairs en fonction de leur couleur et de leur odeur. Une couleur ou une odeur non conformes les faisaient écarter.

Les chefs des fruits et légumes ou bianren :
Ils avaient pour tâche l'épluchage des légumes et des fruits et leur mise à disposition aux cuisiniers internes ou externes. Ils fournissaient au saucier les ingrédients pour la fabrication de ses produits.

Les cuisiniers de l'intérieur ou neixiang :
Les animaux sacrifiés par les officiers de la boucherie étaient livrés aux cuisiniers intérieurs, lesquels avaient comme première mission de séparer les différents membres et les chairs. Ils faisaient le tri entre les parties comestibles et non comestibles. Ensuite, ils découpaient les viandes selon la forme requise pour les mets délicats, les salaisons, les « charcuteries », les bouillons, les viandes hachées et séchées. Ils assuraient leur mise en cuisson. Ils préparaient aussi les plats à base de légumes et de féculents.

Les cuisiniers de l'extérieur ou waixiang :
Ils s'occupaient des aliments destinés aux rituels, aux sacrifices et aux banquets. Ces tâches étaient similaires à celles des *neixiang*.

Les responsables de la « mise en goût » ou pengren :
C'était la tâche la plus importante dans la cuisine des Han qui tenait presque de l'alchimie. Si l'on ne tenait pas trop rigueur aux chefs de quelques maladresses d'ordre esthétique, on ne leur pardonnait guère que le goût attendu ne soit pas au rendez-vous. De ce fait, une fois les ingrédients mis en forme par les cuisiniers de l'intérieur ou de l'extérieur, ils les reprenaient pour une première mise en goût à travers une marinade. Puis, ils dosaient les épices et condiments et les plaçaient devant chaque instrument de cuisson pour les assaisonnements nécessaires en cours de cuisson.

La façon de servir les plats consiste à présenter, d'abord, les mets salés, ensuite les mets doux. Les mets lourds doivent précéder les mets légers. Les mets secs passent avant ceux avec sauce ou bouillon. Dans le monde, il existe cinq goûts : salé, sucré, acide, piquant et amer. On ne devra point les dominer tous par le goût salé. Il faut calculer et comprendre quand les invités ont bien garni leur estomac et que ce dernier commence à être fatigué. C'est alors qu'il faut servir des mets piquants pour le stimuler. Si l'on craint que les invités ne boivent trop de vin et que leur estomac n'en soit fatigué, il faut alors employer des sauces acides ou douces qui peuvent, dans ce cas, être aussi des stimulants.

Yuan Mei

Une leçon de « mise en goût » par Tcheou, cuisinier impérial

— *Ecoutez-moi bien. Il ne faut pas croire que plus les ingrédients sont nombreux, meilleur sera le plat. Au contraire : plus les ingrédients sont nombreux, plus il est difficile à réussir.*

Tchouen-yun avait du mal à saisir ce que disait Tcheou, qui était devenu volubile et parlait avec l'accent et les mots particuliers du Shandong que les cuisiniers employaient entre eux. Ce langage était difficile à comprendre des clients, ce qui, naturellement, arrangeait bien les cuisiniers. Les cuisiniers de la capitale étaient pour la plupart originaires du Shandong, c'est pourquoi on utilisait le dialecte de cette région depuis fort longtemps dans les corporations de maîtres queux.

— *Bon, rappelez-vous l'ordre de cuisson, c'est primordial : le canard tue le poulet, le poulet tue l'oie, l'oie tue le crabe, et le requin tue tout le reste. Autrement dit, si vous vous trompez dans l'ordre pour faire sauter les ingrédients, vous aurez beau mettre les viandes les plus variées dans votre plat, il aura un goût de sauté de porc et de requin, et voilà tout.*

Il confia son bâton à Tchouen-yun et changea rapidement l'ordre des paniers sur la table.

— *Comme ça, voilà. Ensuite, le feu, le sel et l'huile. Il faut le voir faire pour prendre le coup de main. Regardez bien.*

Le cercle des cuisiniers autour des fourneaux se resserra. Tcheou observa le feu, posa dessus une grande marmite, y versa plusieurs sortes d'huiles. Tout en ajoutant les uns après les autres les ingrédients dans l'ordre qu'il avait préparé, il tenait la queue de la marmite de sa main gauche et l'agitait. Malgré leur apparente désinvolture, ses gestes étaient exacts et précis, ainsi que vint bientôt le confirmer le délicieux fumet qui se mit à flotter dans l'air. Des soupirs et un brouhaha admiratif s'élevèrent. Un moment plus tard, le sauté de viande et de poisson s'amoncelait sur un plat, chaque morceau brillant comme s'il était glacé.

Asada Jirô, *Le Roman de la Cité Interdite*.

Les cuiseurs ou penren *:*
Ils étaient chargés de préparer les ustensiles de cuisson, d'assurer l'approvisionnement en eau et de veiller à la bonne combustion du foyer. Ils aidaient les cuisiniers de l'intérieur et de l'extérieur à faire cuire et rôtir.

Les responsables de la glacière ou binreng *:*
Ils s'occupaient de la collecte de la glace en hiver et de sa conservation. Les blocs de glace étaient prélevés chaque hiver dans les douves entourant la Cité Interdite, taillés selon les dimensions d'usage puis conservés jusqu'à l'été suivant. Les cinq glacières encore visibles aujourd'hui représentent un volume de stockage de 330 m^3. La glace était destinée à la conservation des aliments pour en prolonger la durée de vie. Elle servait à rafraîchir les fruits (melon, pastèque, châtaignes d'eau…), les boissons d'été ainsi que les alcools. Elle servait également à rafraîchir les pièces en abaissant la température ambiante lors des grandes chaleurs.

L'intendant du matériel ou miren *:*
C'était le responsable du matériel et des ustensiles de cuisine, ainsi que de la vaisselle de table. Si les mets de la cuisine chinoise ou mandchoue semblent sophistiqués, multiples et variés, les ustensiles des cuisiniers étaient en revanche d'une grande simplicité. Pour les préparations préliminaires, une planche en bois servait aux découpes, avec des couteaux de tailles différentes bien aiguisés. Le wok (poêle arrondie) coiffé de paniers en bambou permettait tout type de cuisson : sauté, bouilli, à la vapeur, friture… Une grande paire de baguettes, des louches, des écumoires et des spatules facilitaient les manipulations. Chaque ustensile de cuisine était identifié, avec le nom de la personne qui l'avait utilisé et celui de la préparation. La vaisselle de table et le matériel de cuisine étaient constitués de matériaux précieux (porcelaine, or, argent). L'intendant avait aussi la responsabilité des objets de grande valeur.

La direction du service de bouche

Du Neiwufu, la direction du service de bouche était placée sous la responsabilité hiérarchique d'un mandarin portant le titre de grand ministre chargé des Affaires (*Guanli shiwu dachen*) pour une meilleure lisibilité de son fonctionnement, dès 1723. Son directeur général avait un grade de fonctionnaire militaire de quatrième rang, avec le titre de garde impérial de deuxième classe.

Pour améliorer le service, l'empereur Qianlong réorganisa l'office de cuisine impériale (Shanfang) en deux bureaux en 1750. Le bureau de la Cuisine Intérieure, Neishanfang, s'occupait exclusivement des repas et des boissons quotidiens de l'empereur et de l'impératrice, des favorites et des concubines, des enfants impériaux. Le bureau de la Cuisine Extérieure, Waishanfang, était chargé des repas et des boissons des sacrifices, des mandarins et du personnel de service de la famille impériale. Les autres personnes qui travaillaient à l'intérieur de la Cité Interdite devaient assumer elles-mêmes leur alimentation. Cette distinction du personnel de la cuisine impériale en deux brigades permettait de mieux tenir compte du rang de chaque convive. En effet, les règles de préparation, le choix des ingrédients, la sécurité dans la préparation, les quantités, la finesse du travail étaient de niveau supérieur pour la famille impériale. L'organisation des banquets était assurée par un office spécifique : le bureau des Banquets ou Guanlusi.

Les Taoïstes, pour monter au Paradis, ne le peuvent que s'ils ont réussi neuf fois leur poudre immortelle. Les Confucianistes apprécient le juste milieu, ni plus ni moins. Un cuisinier qui connaît l'action du feu et le surveille avec attention prouve qu'il connaît bien son art.

Yuan Mei

Plat à décor d'oiseaux.

DEUX RECETTES DU SICHUAN

Poulet à la Gongbao (*Gongbao jiding*)

Gongbao était le cuisinier du préfet de la province du Sichuan, sous la dynastie des Qing. Un jour où l'heure du dîner était largement dépassée, l'empereur, en inspection dans la province, arriva à l'improviste. Le préfet ordonna à son cuisinier de préparer à dîner. Pris de court, paniqué, Gongbao n'avait d'autre choix que d'utiliser les maigres ingrédients qui lui restaient des précédentes préparations. Une fois prêt, le plat fut servi à l'empereur et Gongbao attendit sa réaction avec inquiétude. Son maître était aussi inquiet que lui. Leurs souffles, leurs carrières étaient suspendus à la première bouchée de l'empereur. Ce laps de temps insupportable fut transformé en soulagement et en bonheur lorsque l'empereur félicita en personne Gongbao. Il le récompensa et ordonna au cuisinier de la cour d'apprendre la recette.

300 g de blancs de poulet
1 poivron rouge et un poivron vert coupés en carrés de 1,5 cm
200 g de noix de cajou grillées
Condiments
3 cuillères à soupe d'huile de sésame
1 cuillère à soupe de soja fermenté au piment (*doubanjian*)
10 g de gingembre haché
2 cuillères à soupe de sauce de soja claire

Chauffez l'huile dans le wok. Faites sauter le gingembre, ajoutez le *doubanjian*.
Laissez révéler les parfums puis ajoutez le poulet.
Remuez bien jusqu'à la cuisson du poulet.
Ajoutez ensuite les poivrons et les noix de cajou. Faites sauter 5 minutes.
Arrosez de sauce de soja.
Remuez et servez.

Agneau braisé au fromage de soja (*mapo doufu*)

Le nom de Mapo fait référence à l'histoire de Wen Qiaoqiao, personnage de la dynastie des Qing à qui on attribue la création de nombreux plats dans le folklore du Sichuan. Mademoiselle Wen Qiaoqiao vécut à Chengdu, capitale régionale du Sichuan. Malgré un visage grêlé, elle fut mariée à monsieur Chen, patron d'une huilerie. Ses dix années de bonheur furent interrompues par l'accident mortel de son mari lors d'une livraison d'huile. Livrée à elle-même, elle avait du mal à assurer son existence. Ses voisins l'aidèrent en lui offrant du riz, de la viande et des légumes. Comme elle était entourée de boucheries et d'échoppes de fromage de soja, elle avait souvent dans son panier du mouton et du fromage de soja. Elle ne pouvait manger tout ce qu'on lui offrait. Elle créa alors un plat avec les ingrédients de son panier, largement assaisonné aux épices locales, pour remercier et régaler ses bienfaiteurs. Le succès de son plat fut tel qu'elle transforma sa maison en restaurant pour satisfaire la demande. Les gourmets appelèrent alors son plat « fromage de soja de la dame au visage grêlé » (*mapo doufu*).

800 g de fromage de soja • 400 g de viande d'agneau hachée
Condiments
3 cuillères à soupe d'huile d'arachide
10 g de gingembre haché
226 g (1 bocal) de *doubanjian* (soja fermenté au piment) • 5 g de sucre • 15 g de poivre du Sichuan
1 verre d'eau • 2 cuillères à soupe de sauce de soja
Finition
1 botte de coriandre hachée • 1 gousse d'ail hachée

Coupez le fromage en cubes de 5 cm.
Chauffez l'huile dans le wok. Faites sauter le gingembre. Ajoutez le *doubanjian*. Laissez cuire 2 minutes. Ajoutez ensuite l'agneau haché. Faites rissoler pendant 5 minutes.
Ajoutez le sucre, la sauce de soja, le poivre et l'eau. Laissez bouillir à feu doux jusqu'à l'épaississement de la sauce.
Hors du feu, saupoudrez de coriandre et d'ail. Mélangez.

En 1759, Qianlong transforma le poste de directeur général des trois offices en trois charges distinctes. Chaque office était désormais placé sous la responsabilité d'un directeur (*Shangshanzheng*) et d'un directeur adjoint (*Shangshanfu*). Les deux charges conservaient un rang de fonctionnaire militaire. Cette délégation de responsabilité permettait à chaque directeur de mieux se consacrer à sa fonction.

Au milieu du règne de Qianlong, le budget annuel du palais était de l'ordre de 10 millions de taels, soit le quart du budget de l'Etat. Sa gestion et son contrôle étaient complètement en dehors des finances publiques de l'Etat. Aucun Han ne pouvait être employé. La dépense annuelle du service de bouche de l'empereur représentait 40 000 taels.

Les revenus venaient de la gestion des nombreux domaines impériaux, du monopole commercial de certaines denrées comme le ginseng, de la revente des tributs en nature, du contrôle des implantations des grandes places commerciales, des droits de douane, des amendes « spontanées » que les fonctionnaires s'imposaient à eux-mêmes pour échapper au juste châtiment de leurs malversations. Les événements exceptionnels comme les fêtes d'Etat ou les fêtes familiales étaient financés par des contributions « volontaires » : 1,2 million de taels furent ainsi collectés pour les 80 ans de Qianlong.

L'organisation des approvisionnements

Nourrir la cour a toujours été une tâche importante et difficile car elle se doit de bénéficier des meilleurs produits « sous le Ciel ».

Sous les Qing, les producteurs alimentaires étaient organisés en guildes, et assuraient un contrôle sans faille de la circulation des produits dans l'empire ainsi que la maîtrise des prix de vente. Cette organisation professionnelle facilitait le travail du Zhanguanfang guali neiguanlin shiwuchu, administration chargée de l'approvisionnement du palais en denrées alimentaires. Cet économat était sous la dépendance directe du Neiwufu. Il était composé de magasins d'Etat et de dépôts. Une fois les produits arrivés au palais, il était chargé de la redistribution interne à destination des différents services.

Les productions et les achats directs

L'approvisionnement de la maison impériale en denrées alimentaires passait soit par les productions des domaines impériaux situés en province (l'essentiel venait de Moukden, l'actuel Shengjing dans la province de Liaoning), soit par un système d'achat centralisé ou en achats directs, avec les courtiers de la ville. La qualité des produits répondait à un cahier des charges draconien. L'acheminement était assuré par une cavalerie rapide. De la glace extraite des montagnes conservait la fraîcheur des produits fragiles. Pour les produits aquatiques, des viviers étaient utilisés. Les livreurs « longue distance » avaient une nourriture spéciale composée exclusivement d'œufs, de vin et d'eau pour entretenir leur forme. Pour raccourcir les délais de livraison, ils se relayaient en cours de route. N'importe la fatigue ! Chaque repas de l'empereur était la synthèse accomplie de ces difficultés et de ces efforts.

Le riz servi à l'empereur était un mélange subtil composé de trois variétés : le riz blanc à long grain, le riz jaune et le riz rouge pourpre, ces deux derniers cultivés dans les champs impériaux du Fengzeyuan, de la Colline de la Source de Jade. Le lieu de provenance de ces deux riz a une importance capitale. En effet, Fengzeyuan était le lieu où l'empereur venait s'exercer au labourage en prévision de la cérémonie au temple de l'Agriculture. Il consommait donc le fruit de son travail agricole symbolique. De même, les couleurs choisies n'étaient pas neutres : le jaune rappelle la puissance impériale (c'est la couleur réservée exclusivement à l'usage de l'empereur) et le rouge pourpre évoque la couleur des murs de la Cité Interdite. Le riz consommé par la cour provenait des montagnes Yuquan, de Yangquan et même de Corée.

Les produits issus des domaines impériaux reflétaient les préférences gourmandes de la cour des Qing. Les deux types de viande les plus prisés étaient le mouton et le gibier (le cerf de préférence). Le mouton provenait du service du pâturage (*qingfengsi*) ainsi que le lait, utilisé pour le thé. Les enclos étaient installés dans l'enceinte de la Ville impériale, dans le Jardin impérial du Sud des Cerfs (Nanyuan) et à Zhanjiakou. Le beurre, les gâteaux à base de lait, le koumis étaient produits à l'extérieur de la Grande Muraille à Zhanjiakou.

Le poisson, soit 24 000 livres de toutes espèces par an, était fourni par les pêcheurs de trois bannières dépendant aussi du Neiwufu de Moukden.

La viande est ordinairement garnie de nerfs et quand on les enlève elle devient tendre. Le canard a un gésier et de la graisse. Quand on les enlève on peut dire, alors, que le canard est pur. Si l'on détache la poche de fiel du poisson et que, par mégarde, on la crève, tout le plat de poisson présenté est amer. Si l'on n'a pas soin d'enlever le blanc qui suinte de l'anguille, tout le plat servi aura une forte odeur de marée. De l'ail il faut enlever la pelure et ne laisser que le blanc. Pour les légumes, avoir soin d'arracher les feuilles vertes et ne se servir que du cœur.

Yuan Mei.

Trois moutons, symbole de félicité, anonyme, dynastie Yuan.

CRABE DE MER ET POISSON D'EAU DOUCE

Poisson mandarin frit et croustillant
(yu xiang cuipi gui yu)

Les Chinois considèrent que les poissons d'eau douce ont une consistance et une saveur plus raffinées que les poissons de mer.

Poisson
1 poisson mandarin de 1,5 kg (ou un autre poisson d'eau douce)
1/2 l de vin de Shaoxing
20 g de sucre
10 g de poivre
50 g de maïzena
huile de friture
Sauce
20 g de gingembre haché
1 piment ciselé
20 g de sucre
1 oignon blanc coupé en lamelles
1 cuillère à soupe de concentré de tomate
1/4 l de bouillon de poulet
20 g de maïzena
Décor
1 botte de ciboulette ciselée

Faites quatre ou cinq incisions en diagonale de chaque côté du poisson pour accélérer la cuisson. Marinez le poisson avec le vin, le sucre et le poivre pendant une heure. Séchez soigneusement.
Chauffez l'huile de friture. « Farinez » le poisson à la maïzena des deux côtés, puis plongez-le dans la friture. La cuisson est très rapide, pas plus de 8 minutes.
Egouttez le poisson cuit et dressez-le dans un plat ovale.
Laissez l'équivalent d'une cuillère d'huile dans le wok. Ajoutez le gingembre, le piment, l'oignon blanc. Bien faire sauter pendant 5 minutes. Ajoutez le sucre, le concentré de tomate et la maïzena dilués dans le bouillon de poulet. Au premier bouillon, versez la sauce sur le poisson. Parsemez de ciboulette.

Crabes à la sauce aigre-douce
(suan tian xiezi)

Les meilleurs crabes sont ceux capturés à la nouvelle lune d'automne. Les gourmets chinois préfèrent manger les femelles dont ils apprécient les œufs, ainsi que la graisse qui se trouve sous la carapace dorsale. Cette recette est originaire de Canton.

9 crabes
Sauce aigre-douce
1 cuillère à soupe d'huile de sésame
20 g de gingembre haché
2 gousses d'ail hachées
5 cuillères à soupe de vinaigre de vin
1 cuillère à soupe de sucre
1 cuillère à café de sel
1/4 l de bouillon de poulet
20 g de maïzena

Chauffez le wok. Ajoutez l'huile de sésame, le gingembre et l'ail. Faites rissoler quelques secondes.
Ajoutez ensuite le reste des ingrédients avec la maïzena diluée dans le bouillon. Laissez épaissir la sauce.
Nettoyez les crabes. Faites-les cuire à la vapeur pendant 10 minutes.
Servez avec la sauce et des pinces à crabe.

Les fruits provenaient pour l'essentiel des vergers des trois bannières à proximité de Pékin et de Moukden. Il s'agissait de pêches, de poires, de prunes, de raisins, de pommes et d'azeroles. Les légumes étaient achetés sur les marchés locaux.

Les céréales ainsi que les condiments étaient achetés de manière centralisée. Le sel provenait du Sichuan.

L'eau destinée à la consommation de la famille impériale provenait de la Source de Jade. Les habitants du palais disposaient de 70 à 80 puits. Passionné de thé, Qianlong avait testé plusieurs sources. Il avait conclu que l'eau de la Source de Jade était la plus légère et la gratifiait de « Première Source sous le Ciel ». Ainsi, cette eau était livrée chaque soir depuis la Source de Jade dans les Collines de l'Ouest par un convoi surmonté d'un oriflamme jaune qui avait préséance sur tout autre équipage.

Les tributs alimentaires

L'approvisionnement était complété pour une part non négligeable par les offrandes, cadeaux et tributs envoyés des provinces et des nations vassales.

Le gouverneur de Moukden envoyait chaque année 2 000 queues (un délice mandchou) et langues de cerf, 780 cerfs, 210 chevreuils, 100 livres de nerfs de cerf, 17 500 livres de miel ainsi que des sangliers, des faisans, des daims, des ours. Les princes mongols devaient eux aussi fournir chaque année un quota de cuisses de mouton et de sangliers.

Il était complété par le tribut du commandant de Moukden : 40 poissons d'espèces différentes, 1 500 livres de poissons salés, 60 oies, la viande salée et séchée de 20 porcs.

Les autres fruits comme les raisins, les melons, les oranges, les mains-de-bouddha, les cédrats, les papayes, les longanes, les litchis étaient offerts à la cour par les gouverneurs des provinces de Xinjiang, Zhejiang, Fujian, Guangdong...

Les régions côtières du Sud fournissaient des ailerons de requin, des holothuries, des crevettes, des seiches...

L'envoi saisonnier de ces produits était la marque d'allégeance à l'empereur, et la liste des produits envoyés entre 1774 et 1778 montre que la région nord-ouest était le fournisseur principal.

Fleurs de pêcher.

Rouleaux de mains-de-bouddha
(zha fo shou juan)

Ce plat ne possède aucun lien avec le bouddhisme. Il est lié à une belle légende. Dans l'antiquité, une fée avait guéri un chasseur talentueux en lui présentant ses deux mains jointes. Celles-ci s'étaient transformées en mains-de-bouddha. Depuis ce jour, les fruits de main-de-bouddha reçurent l'enthousiasme du peuple. Ce mets, dont le nom évoque la forme du fruit, devint une spécialité de Pékin et fut introduit à la cour. C'est une des spécialités servies dans le restaurant de cuisine impériale Fangshan à Beihai.

Farce
400 g de filet de porc haché
2 cuillères à soupe de vin de Shaoxing
1 cuillère à soupe d'huile de sésame
1 botte de ciboulette hachée
10 g de gingembre haché
50 g de maïzena
Crêpes d'œuf
9 œufs de poule
10 g de maïzena
1 cuillère d'huile de sésame

Mélangez intimement tous les ingrédients de la farce et divisez-la en neuf parts.
Battez les œufs en omelette. Ajoutez la maïzena et l'huile de sésame et mélangez bien.
Faites neuf crêpes.
Montage des rouleaux :
Prenez une crêpe d'œuf.
Prenez une part de farce et façonnez-la en boudin de la même longueur que le diamètre de la crêpe.
Roulez ce boudin de farce dans la crêpe comme un gros cigare. L'aplatir légèrement.
Coupez chaque rouleau en deux.
Coupez chaque demi-rouleau en quatre aux trois quarts de sa hauteur pour que les quatre morceaux restent liés.
Passez à la friture et servez.

Beignets de bananes (*zha duan xue*)

Les beignets de bananes à la Cité Interdite étaient un plat plus qu'exotique. Les bananes venaient du Sud de la Chine et étaient l'objet de soins intenses durant le voyage vers Pékin. Les bananes tigrées sont parfaites pour ces beignets, car elles sont plus aromatiques.

9 bananes
Pâte à beignets
250 g de farine
100 g de sucre
125 g d'eau
20 g de levure
1 cuillère d'huile d'arachide
Caramel
250 g de sucre
50 g de graines de sésame blanches grillées
huile de friture

Coupez les bananes en gros morceaux.
Faites une pâte à beignets en mélangeant tous les ingrédients.
Enrobez les morceaux de bananes de pâte et faites-les frire.
Faites un caramel avec le sucre.
Ajoutez les morceaux de bananes frits et les graines de sésame.
Faites en sorte que chaque beignet soit enrobé de caramel au sésame.

Quand on s'occupe d'affaires politiques, faire du bien au Peuple ne vaut, certes, pas autant que supprimer quelque chose de mauvais pour lui. Un cuisinier qui peut supprimer le mal de sa cuisine prouve qu'il connaît déjà la moitié de son métier !

Yuan Mei.

LES MENUS IMPÉRIAUX

Le caractère sacré de l'empereur était protégé et se manifestait dans l'étiquette minutieuse de la cour qui réglait la conduite, les gestes et l'apparence de chacun, y compris ceux du souverain, ainsi que par les cérémonies officielles qui occupaient une large part de son temps. Cet aspect rituel de la vie du palais frappait vivement l'imagination populaire et contribuait à entretenir la soumission des fonctionnaires éduqués dans la tradition confucéenne. Tout dans l'existence de la cour était soumis aux prescriptions des rites : gestes, langage, vêtements, objets. La nourriture et les boissons n'échappaient pas à cette règle. La cour impériale, lieu de pouvoir, était aussi un espace hiérarchisé où la distribution des biens était faite à chacun selon son rang.

La distribution hiérarchisée de l'alimentation

Pour la ration alimentaire quotidienne de l'empereur, la liste des ingrédients utilisés était codifiée : 22 livres de viandes variées pour les plats principaux, 5 livres de viandes variées pour les fonds ou bouillons, 10 livres de viande de porc, 2 moutons, 5 poulets, 3 canards, 19 livres de légumes frais variés, 60 pièces de navets, 6 livres d'oignons, 2 onces de vin de la Source de Jade, 3 livres de sauce de soja, 2 livres de vinaigre. Le riz, les pâtes, l'huile de sésame, le miel, le sucre, les graines de sésame, la noix de cajou, le jujube et d'autres ingrédients suivaient la même logique de grammage réglementé. Partant de ces différentes listes d'ingrédients, le service de bouche, utilisant toutes les techniques de cuisson telles que braiser, sauter, mijoter, cuire à l'étouffée, cuire à la vapeur, frire, rôtir, saisir... et tout son talent, devait préparer 108 mets servis dans de la porcelaine jaune pour l'empereur. Cette ration allait en décroissant pour les autres membres de la famille impériale. L'impératrice avait 96 mets servis dans de la porcelaine jaune, la concubine de premier rang, 64. Il appartenait au bureau des Affaires Intérieures de veiller au respect des privilèges de chacun. Qianlong avait 2 impératrices et 29 concubines des quatre premiers rangs.

S'élever dans le rang pour les impératrices et les concubines dépendait avant tout des maternités. C'était la naissance d'un enfant (surtout mâle) qui amenait honneur et pouvoir. Les mères des empereurs n'étaient pas toutes issues de la noblesse ou de l'aristocratie. Les mères de Yongzheng, Qianlong et Jiaqing étaient des concubines extraites des dames de cour. Dès qu'une femme était enceinte, des précautions spéciales étaient prises pour la mère et l'enfant. La future mère recevait des quantités de nourriture supplémentaires et la visite des médecins et des sages-femmes une fois par mois.

Il n'y a que les hommes sensés qui peuvent distinguer le bon ou le mauvais côté des affaires ; il en est de même des mets. Le sage Yi Yun Ti a dit : « Le goût très fin ne peut s'expliquer par des mots. » Il est douteux que ceux qui abusent du vin, en buvant abondamment, puissent estimer le goût des mets... La meilleure manière est de savourer les bons plats pendant le repas et de faire des paris de coupes de vin seulement après, sans que l'on porte préjudice à l'autre.

Yuan Mei.

Portrait équestre de l'empereur Qianlong passant les troupes en revue, Giuseppe Castiglione.

Crème de sésame (zhima hu)

Il existe deux types de graines de sésame : les blanches et les noires. Si les blanches ou les noires servent pour les pâtisseries et les *bobos*, les noires sont utilisées également pour des préparations médicinales. D'après la médecine chinoise, elles fortifient le sang, tonifient le foie et les reins, régénèrent les muscles, réhydratent la peau et luttent contre la constipation. La crème de sésame était consommée tout au long de la journée. Les concubines la dégustaient avec des morceaux d'ignames cuits à la vapeur. L'appel à la saveur sucrée était un moyen de compenser le stress lié à la lourdeur du rituel de la cour, à son ennui et à sa solitude. La recette d'origine chinoise est faite à base d'eau. Celle proposée est à base de lait, plus mandchoue.

1 l de lait
150 g de graines de sésame noires
100 g de sucre blanc
50 g de farine de riz
50 g de graines de sésame blanches

Mixez 1/4 de litre de lait avec les graines de sésame.
Ajoutez ensuite dans le mixeur le reste de lait, le sucre et la farine de riz.
Mixez à nouveau pour former un appareil lisse.
Portez l'appareil à ébullition pour faire épaissir la crème dans une casserole.
Débarrassez la crème dans neuf jolis bols.
Servez froid ou tiède, décoré de graines de sésame blanches grillées au wok.

Après 1636, il existait huit rangs dans le harem impérial. Les femmes choisies dans les *xiunü* et la noblesse mandchoue formaient les quatre premiers rangs, avec le titre de *huangtaihou* (impératrice), *huangguifei* (précieuses favorites impériales), *guifei* (précieuses favorites) et *fei* (favorites). Elles entraient dans le harem accompagnées de rituels domestiques. Les concubines des quatre derniers rangs (*pin* – concubines, *guiren* – précieuses personnes, *changzai* – répondantes, *daying* – présentes) étaient choisies parmi les dames de cour. Elles entraient dans le harem sans aucun rituel. L'ascension se faisait soit après la naissance d'un enfant, soit par désir de l'empereur, soit par succès de leur séduction.

Après le décès de l'empereur, toutes ses épouses demeuraient au palais, chacune dans un appartement particulier. L'impératrice légitime et éventuellement la mère du nouveau souverain recevaient le titre d'impératrice douairière (*huangtaihou*).

Les privilèges des princes de sang étaient également codifiés. En 1748, huit rangs furent institués. Le premier rang recevait 10 000 taels d'argent par an et 302 500 kg de riz. Les autres rangs recevaient 110 taels d'argent annuel et 3 327,5 kg de riz, soit une moyenne de 9,11 kg par jour. Seuls les deux premiers rangs possédaient un titre (*hao*) et

étaient automatiquement baptisés d'un nom (*shi*) posthume après la mort. Les six premiers rangs étaient gratifiés de privilèges supplémentaires : porter un bouton violet, une plume de paon « à trois yeux », un dragon brodé sur les robes de cour, afficher des sentences parallèles rouges devant les portails, accrocher des pompons aux chevaux, utiliser des rênes de couleur violette, avoir une dame de cour pour apporter la théière, un tapis pour s'asseoir.

Les princesses n'étaient pas négligées. Pour renforcer la lignée impériale, elles étaient surtout mariées à des nobles mongols et demeuraient souvent à la Cité Interdite. Le couple recevait une allocation, calculée en riz, fixée selon le rang. Les cinq premiers rangs de princesses qui habitaient la capitale chinoise percevaient 400 taels annuels, leurs maris 300 taels ainsi que 200 000 kg de riz, avec une résidence et une pension alimentaire quotidienne. Celles qui résidaient en Mongolie recevaient 1 000 taels d'argent, 30 rouleaux de satin. Leurs maris, 300 taels et 10 rouleaux de satin. Elles revenaient à Pékin tous les 5 ou 10 ans pour un séjour moyen de six mois. Lors des années d'absence de la capitale, l'empereur envoyait mensuellement à ses filles du riz, des fruits frais ou séchés, des friandises comme les *bobos*. La tendresse paternelle s'exprimait ainsi par la nourriture.

Bouillie de riz glutineux aux litchis
(*lizhi hei mi zhou*)

Le litchi est un fruit de Chine du Sud. Pour cette raison, il est souvent utilisé séché dans les préparations du Nord de la Chine. Il donne un parfum d'exotisme à cette bouillie de riz sucrée. En Chine du Nord, pour souhaiter à la jeune mariée un mariage fécond, on met des longanes séchés et des branches de litchis sous son lit. La consommation de cette bouillie par les impératrices et les concubines répond à ce souhait.

2 l d'eau
50 g de riz glutineux
2 cuillères d'huile d'arachide
100 g de chair de litchis séchés
100 g de sucre roux

Portez à ébullition l'eau additionnée d'huile d'arachide.
Ajoutez le riz glutineux rincé.
Après la reprise de l'ébullition, baissez le feu et faites cuire le riz jusqu'à délitement.
Ajoutez les litchis et le sucre roux en fin de cuisson. Bien mélanger.
Laissez reposer 30 minutes avant de servir.

Les cent beautés, Ch'in Ying, dynastie Qing.

Gravure extraite d'un traité du pouls du XVIe siècle, montrant la correspondance des organes avec les cinq éléments, les cinq saveurs, les cinq céréales et les cinq directions (est, sud, centre, ouest, nord).

Les règles d'élaboration des menus

Les menus étaient établis par le service de bouche pour chaque repas et devaient êtres validés par le bureau des Affaires Intérieures. La composition de chaque mets, les quantités exactes, le nom du cuisinier qui devait le préparer, le matériel de cuisson utilisé, les caractéristiques de la vaisselle de table, la manière de dresser la table pour le menu et l'ordre de service des plats étaient consignés. Ce système de traçabilité permettait de remonter à la source en cas de problème et de définir les responsabilités. La peur d'empoisonnement était omniprésente. Il permettait également à l'empereur de récompenser un cuisinier pour un mets trouvé exceptionnel. Cette coutume fut respectée depuis le début des Qing jusqu'au règne de l'empereur Puyi au Mandchukuo.

En théorie, l'empereur ne pouvait exprimer ses préférences culinaires pour éviter les risques d'empoisonnement. A table, il ne pouvait se servir plus de trois fois dans le même plat. Les eunuques y veillaient. Pour cette raison, une moyenne de 60 mets était proposée à chaque service. Aussi bien pour la nourriture que pour les boissons, les menus de la famille impériale étaient établis par des diététiciens appelés en chinois « médecins pour les aliments ou pour les repas » (*yishi*). Ils étaient chargés de combiner la préparation régulière « des six aliments végétaux, des six genres de boissons, des six mets principaux, des cent délicats, des cent assaisonnements, des huit plats de choix, destinés à l'empereur ». Ces menus étaient personnalisés. Les diététiciens impériaux prenaient en compte l'état de santé de chaque membre de la famille et la saison. Selon la médecine traditionnelle chinoise, les substances médicinales et alimentaires sont de la même origine, c'est-à-dire que remèdes et aliments émanent de la même source mais sont d'un usage différent. Une bonne alimentation est le fondement d'une bonne santé, lorsque les énergies Yin et Yang du corps sont équilibrées. En cas de déséquilibre, les diététiciens soignaient et traitaient les personnes par les cinq saveurs (vinaigre, vin, miel, gingembre et sel) et les cinq céréales (blé, riz, maïs, avoine, féculents). L'année est rythmée en cycles réglés sur l'équilibre dynamique des principes Yin et Yang, chacun croissant et décroissant alternativement dans la succession des cinq éléments (bois, feu, terre, métal et eau), le monde humain – le microcosme – étant une réplique exacte du macrocosme. La correspondance entre les deux mondes est fondée sur une corrélation systématique et réciproque des actions et événements humains avec les configurations cosmiques. Les cinq éléments correspondent non seulement à des points cardinaux, mais aussi à des saveurs, des couleurs, des organes du corps humain et des saisons. Une bonne nutrition passait par le choix d'ingrédients frais et de qualité irréprochable, fabriqués et consommés à une époque très précise, afin de saisir les principes actifs et les saveurs des ingrédients à leur zénith. Ainsi, pour la préparation régulière des aliments végétaux, les diététiciens profitaient du printemps. Pour la préparation des jus ou sauces, ils profitaient de l'été. Pour la préparation des assaisonnements, ils profitaient de l'automne. Pour la préparation des boissons, ils profitaient de l'hiver. De même, à chaque saison correspondait une saveur bien précise : mets acides au printemps, mets amers en été, mets frais en automne, mets salés en hiver. La saveur « douce et onctueuse » équilibrait ces quatre saveurs tout au long de l'année. La concordance des viandes et de l'aliment de base devait aussi être respectée : le riz convient avec le bœuf ; le gros millet convient avec le mouton ; le petit millet convient avec le porc ; le *liang* (autre espèce de millet) convient avec le chien ; le blé convient avec l'oie ; le millet aquatique convient avec le poisson. Chaque jour, ces médecins-diététiciens s'informaient de l'appétit de l'empereur et de sa famille. Selon les données recueillies, ils proposaient des prescriptions de santé complémentaires sous forme de médicaments. Mais c'était plus un rite qu'une vraie ordonnance !

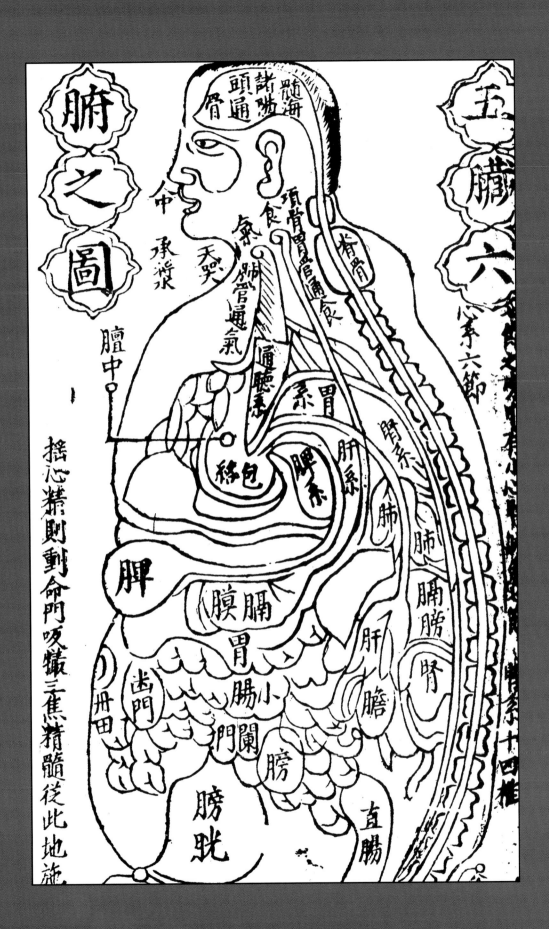

DEUX RECETTES DE PRINTEMPS

Rouleaux de printemps (*zha chun juan*)

Après la saison d'hiver, la cour retrouvait le plaisir de manger ces rouleaux de printemps confectionnés au moment où les marchés regorgeaient de légumes frais. Pour cette raison, la présence de viande n'était pas indispensable.

100 g de carottes émincées en julienne
100 g de branches de céleri émincées en julienne
100 g de pousses de bambou émincées en julienne
100 g de champignons noirs hydratés (trempés dans l'eau pendant 20 mn) et émincés en julienne
2 bottes de coriandre hachées
250 g de jambon de porc haché
30 g de maïzena
20 g de sel
5 g de poivre
27 galettes de riz
huile pour friture

Faites dégorger les légumes dans 20 g de sel pendant deux heures.
Pressez bien les légumes pour extraire le maximum de jus.
Mélangez le porc haché avec la fécule, le poivre et 3 cuillères du jus des légumes.
Ajoutez ensuite les légumes émincés. Bien mélanger.
Trempez une galette dans l'eau tiède pour la ramollir. Egouttez-la sur un torchon propre.
Prenez une galette, posez la farce à la base, rabattez les deux extrémités de galette vers le centre et roulez comme un cigare.
Répétez l'opération pour les autres rouleaux.
Faites frire jusqu'à la coloration dorée.

Porc à la couleur cerise (*tangcu yingtao rou*)

Il s'agit d'un des mets les plus attendus du printemps, parmi ceux créés par les cuisines impériales. Le porc est mijoté avec des cerises fraîches pour à la fois en extraire le parfum et colorer la viande. La belle couleur cerise est fixée par une caramélisation au sucre candi. La viande est fondante en bouche. Cette création était destinée spécialement aux membres de la famille impériale qui avaient des problèmes de dents sans vouloir renoncer au plaisir de manger.

800 g de poitrine de porc avec la peau
1/4 l de vin de Shaoxing
3 l de bouillon de porc (ou d'eau)
20 g de gingembre
100 g de sucre candi
500 g de cerises

Coupez la poitrine en de longs filets. Les blanchir à l'eau froide pendant 30 minutes.
Ecrasez grossièrement les cerises. Enfermez-les dans une poche de gaze.
Dans une marmite en terre cuite, regroupez tous les ingrédients.
Après l'ébullition, réduire le feu. Laissez cuire à feu doux au moins cinq heures.
Une fois la viande cuite, retirez la poche de gaze. Laissez évaporer l'eau de cuisson pour la caramélisation de la viande.
Servez après l'avoir coupée en petits morceaux.

Le goût particulier de la cerise au printemps

Aux premiers jours du printemps, nous déménagions dans le palais d'Eté. Nous quittions la Cité Interdite vêtues d'habits chauds en attendant le moment où de nouveau nous retournerions au palais des Beautés avec ces mêmes habits. Nous, les jeunes dames de cour, préférions vivre dans le palais d'Eté ; nous y avions plus de place et moins de contraintes. Surtout, nous pénétrions un autre monde où nous entouraient les habitants les plus importants du palais d'Eté : les oiseaux, les poissons, les plantes précieuses, les arbres uniques, les lotus flottants, sans compter les bateaux-dragons que l'impératrice prenait plusieurs fois par lunaison.

Le premier jour de l'été correspondait au premier jour de la quatrième lune. Dans le palais des Beautés, on nous servait un fruit et un gâteau, signes que nous allions bientôt quitter le palais. Il s'agissait d'une cerise et d'un gâteau de céréales que nous appelions mian zhan. *La cerise était le premier fruit que nous voyions dans l'année. Elle ne ressemblait pas à ces cerises que l'on vend aujourd'hui au marché. Elles étaient plus grosses, violettes, comme des prunes mûres, sans tige, rondes et couvertes de duvet si on regardait de près. Acides, avec de grands noyaux, elles avaient peu de chair, très belles à voir, mais pas vraiment délicieuses. Nous les appelions aussi « petits pois de montagne ». Il fallait les mettre dans des assiettes de porcelaine blanche : elles brillaient comme des perles aux profonds reflets. Les gâteaux de* mian zhan *étaient faits à base de céréales vertes. Ils étaient longs et rectangulaires, gluants et sucrés avec une légère odeur parfumée. La céréale verte était également la première gourmandise que nous mangions dans le palais. On les offrait en même temps que la cerise ; le* mian zhan *était une offrande aux ancêtres. Nous « goûtions le printemps », symboliquement. On ne mangeait qu'une seule fois dans l'année des cerises et des* mian zhan, *car ils n'étaient pas spécialement délicieux. Mais quand on nous les distribuait, nous savions que le premier jour de la quatrième lune était arrivé et que nous allions bientôt connaître la joie du jardin du palais d'Eté.*

Jin Yi, Mémoires d'une dame de cour dans la Cité Interdite.

Des exemples de menus impériaux

Les archives conservées à la Cité Interdite nous livrent des exemples de menus approuvés par le bureau des Affaires Intérieures. Le 3 novembre 1747, l'empereur Qianlong avait dîné seul au palais des Multiples Splendeurs (Chonghuagong) sur une table laquée ornée de motifs décoratifs. Il avait 36 ans. Le menu était le suivant :

• Servi dans un bol décoré de vagues écarlates : pommes farcies aux nids d'hirondelles et aux émincés de suprême de poulet, avec des champignons parfumés, du jambon fumé et du chou chinois

• Servi dans un grand bol d'émaux cloisonnés au motif des Cinq Bonheurs : jambonneau de porc farci aux nids d'hirondelles, au canard et au jambon fumé

• Servi dans un grand bol d'émaux cloisonnés au motif des Cinq Bonheurs : ailes de poulet enrobées de chou chinois, de tripes et de champignons

• Servi dans un grand bol d'émaux cloisonnés au motif des Cinq Bonheurs : suprême de poulet sauté au chou

• Servi dans un grand bol d'émaux cloisonnés au motif des Cinq Bonheurs : épaule d'agneau braisée à la sauce de soja foncée

• Servi dans un grand bol d'émaux cloisonnés au motif des Cinq Bonheurs : hachis de viande à la mode de Suzhou

• Servi dans un grand bol d'émaux cloisonnés au motif des Cinq Bonheurs : suprême de faisan aux légumes acidulés

• Servi dans un bol jaune : viande séchée de cerf sautée aux germes de soja

• Servi dans un plat en argent : assortiment de poulet, de mouton et de chevreuil, braisé en marmite

• Servi sur un plat d'offrande en argent : assortiment de viande de porc et de mouton

• Servi dans un bol en argent : vermicelles de riz

• Servi dans un plat jaune : petites brioches « œil d'éléphant »

• Servi dans un bol en argent : nouilles de longévité

• Servi dans une assiette violette décorée de dragons : miel

• Servi dans une assiette en émaux cloisonnés, décorée des Cinq Bonheurs entourant la longévité : mélange raffiné de légumes, dont des épinards et des navets marinés à l'osmanthe

Le repas était également accompagné de huit plateaux de petits pains cuits à la vapeur (*bobos*), suivis d'un riz servi dans un bol en émaux cloisonnés à couvercle d'or, d'un bouillon de mouton aux œufs pochés, d'un bouillon aux radis et d'une soupe de faisan.

Bol de l'impératrice Cixi, 1894.

Un autre exemple de menus pour toute une journée est celui du 16 janvier 1769, alors que Qianlong avait 58 ans.

4 heures : Nids d'hirondelles cuits au sucre candi, servis dans une précieuse tasse au motif de longévité de printemps.

6 heures : Déjeuner servi dans la Salle de la Nourriture du Caractère (Yangxingdian) sur une table laquée ornée de motifs floraux.

Nids d'hirondelles braisés au canard
Mijoté de viande et de fromage de soja au vin, servi dans un grand bol d'émaux cloisonnés au motif des Cinq Bonheurs
Canard, porc et queue de cerf cuits à la vapeur
Rouleaux végétariens aux pousses de bambou et petits pains vapeur servis sur une assiette jaune
Un bol de deux variétés de *bobos*
Légumes salés, présentés dans une boîte d'émaux cloisonnés au motif de fleurs de tournesol
Quatre assiettes de « bouchées »
Un bol de nouilles de longévité
Une bouillie de riz servie dans un bol d'émaux cloisonnés en or au motif des Cinq Céréales

Auxquels s'ajoutent 4 tables de mets en réserve pour satisfaire l'appétit de l'empereur.

Table n° 1 : 4 sortes de légumes dans un bol jaune, lamelles de viande de mouton dans un bol au motif des Cinq Bonheurs, 8 sortes de mets à base de produits laitiers
Table n° 2 : 15 sortes de *bobos*
Table n° 3 : 8 sortes de viandes cuisinées
Table n° 4 : viande de mouton

14 heures : Dîner.

Nids d'hirondelles braisés au canard
Choux blancs pochés à l'huile
Potage de poulet gras au fromage de soja servi dans un bol au motif des Cinq Bonheurs
Canard sauvage croustillant à la crème
Boulette de viande, jambonneau de porc émincé et tripes de porc fumé servis dans un bol jaune
Epinards sautés aux crevettes séchées
Poulet gras et chevreuil cuit à la vapeur
Petits pains farcis à la viande de porc
Petits pains vapeur « œil d'éléphant »
Petites pâtisseries d'offrandes

Epaule d'agneau braisée à la sauce de soja foncée (*dun yan rou*)

L'agneau est une des viandes préférées des Mandchous. Dans leur tradition culinaire, elle était soit rôtie, soit bouillie nature. Cette recette sinisée comporte la présence d'épices et de condiments pour enlever l'odeur forte de la viande, plus adaptée à un palais mandchou.

1,2 kg de viande d'épaule d'agneau
4 feuilles de laurier
50 g de racine de gingembre
6 clous de girofle • 1/4 l de sauce de soja foncée

Coupez la viande en morceaux de 50 g, puis faites-la blanchir à l'eau froide.
Regroupez dans une marmite en terre cuite la viande rincée et égouttée, ainsi que le reste des ingrédients. Couvrez.
Mettez sur le feu. Dès l'ébullition, réduisez le feu et laissez cuire deux heures.

Suprêmes de faisan aux légumes acidulés (*xuancai yeji*)

Le faisan n'a pas bonne réputation dans le symbolisme chinois ; pour cette raison, il est très peu consommé dans la cuisine han. En général, le faisan est un animal qui porte malheur. S'il ne crie pas au début du onzième mois, cela présage une grande inondation, et s'il ne crie toujours pas le douzième mois, les femmes deviennent des séductrices.

3 cuillères à soupe d'huile d'arachide
600 g de suprêmes de faisan
400 g de choux chinois divers acidulés (*bai cai, jie cai, jiu cai*)
1 piment rouge • 20 g de sucre
2 cuillères à soupe de sauce de soja

Coupez les suprêmes de faisan en lanières.
Rincez à l'eau les choux acidulés puis émincez-les.
Fendez en deux le piment rouge.
Chauffez le wok, ajoutez l'huile, le piment rouge et le sucre. Laissez frémir pendant 2 minutes.
Ajoutez le faisan. Remuez jusqu'à sa cuisson.
Ajoutez la sauce de soja et les choux émincés. Mélangez bien. Laissez chauffer l'ensemble pendant 15 minutes en remuant de temps en temps.

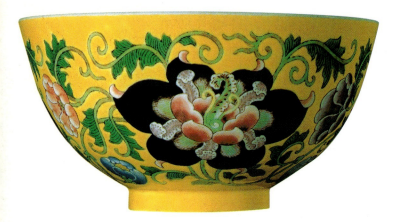

Bol impérial, porcelaine, fin époque Kangxi.

Les Cinq Bonheurs sont la richesse, la longévité, la paix, la vertu et la santé. Ils peuvent être symbolisés par divers motifs :
La chauve-souris symbolise la richesse, le bonheur (dont elle est homophone), et la grue la longévité.
Le pin, aux aiguilles toujours vertes, est le symbole de la longévité et de la permanence.
Le chrysanthème, en chinois ju, est homophone du verbe « demeurer » ; il symbolise la durée et la longue vie.
La fleur aux cinq pétales du prunier représente les cinq dieux du Bonheur ; premier arbre à fleurir de l'année, il exprime la promesse d'un brillant avenir.
La pêche est le plus courant des symboles de longévité, car les célèbres pêches de l'immortalité, qui venaient à maturité tous les mille ans, nourrissaient les Immortels.
Le bambou, au cœur vide, symbolise la vertu dégagée des désirs ; inaltérable et toujours vert, il est aussi un symbole de jeunesse éternelle ; représenté dans un vase (ping), il exprime le calme et la paix.

Potage de poulet gras au fromage de soja
(*doufu gaotang*)

Selon la médecine traditionnelle chinoise, les soupes ou les potages permettraient de revitaliser, rajeunir et fortifier les organes et de les soutenir dans leur fonction. Ils ont la réputation d'améliorer la circulation sanguine, de réguler les liquides organiques et la chaleur corporelle, de rétablir la sérénité et d'améliorer le teint. Les médecins et les diététiciens de la cour usaient de ces potages pour préserver la santé de la famille impériale. Cette recette, outre ces vertus, montre comment un bouillon de poulet peut être transcendé en un mets suave et parfumé. C'est l'exemple de plat consommé tout au long de la journée à la cour.

500 g de fromage de soja
1 l de bouillon de poulet
100 g de crevettes cuites décortiquées
1 botte de ciboulette hachée

Coupez le fromage de soja en cubes, puis blanchissez-le à l'eau chaude.
Dans une marmite en terre cuite, regroupez le bouillon de poulet et le fromage de soja. Après l'ébullition, laissez mijoter une heure à feu doux.
Jetez dans le bouillon les crevettes avant d'éteindre le feu.
Servez en saupoudrant de ciboulette hachée.

Epinards sautés aux crevettes séchées
(*xiami chao bocai*)

La saison des épinards est attendue patiemment par toute la cour. Seules les jeunes feuilles sont utilisées pour cette recette.

3 kg d'épinards frais
200 g de crevettes séchées réhydratées
2 cuillères à soupe de graisse de canard
2 morceaux de fromage de soja fermenté
10 g de sel

Lavez et égouttez les épinards.
Faites chauffer le wok avec la graisse de canard. Jetez-y les morceaux de fromage fermenté. Ecrasez-les bien. Laissez cuire pendant 1 minute.
Ajoutez les crevettes et les feuilles d'épinards. Faites-les sauter pendant 10 minutes.
Salez et servez.

Petites brioches « œil d'éléphant »
(xiang yang xiao mantou)

Il s'agit du petit pain à la vapeur dont le pliage du sommet rappelle l'œil d'un éléphant. L'éléphant est symbole d'intelligence et de force. Il passe pour un animal reconnaissant : si un homme le guérit d'une maladie, il lui donne de l'ivoire pour le remercier.

Pour 18 petites brioches :
Pâte
1 kg de farine
1/2 l de lait
3 blancs d'œuf
100 g de saindoux (ou de beurre)
20 g de levure de boulanger
20 g de sucre
Farce
400 g de crème de haricots rouges
18 carrés de papier sulfurisé de 10 cm

Diluez la levure dans 2 cuillères de lait tiède. Formez un puits avec la farine, ajoutez au centre le sucre, le saindoux, les blancs d'œuf, la levure diluée et le lait. Ramenez la farine vers le centre et formez une pâte souple.
Laissez doubler la pâte de volume dans un endroit tiède (l'idéal est de préparer la pâte la veille).
Cassez la pâte gonflée, puis retravaillez-la à la main. Divisez-la en 18 morceaux.
Etalez chaque morceau de pâte en forme ronde à l'aide d'un rouleau.
Divisez la crème de haricots rouges en 18 portions. Formez des boules. Prenez une boule de crème et placez-la au centre d'une pâte. Couvrez la crème avec les bords de la pâte en imprimant un mouvement spiralé jusqu'à fermeture de la brioche. Ce dessin en spirale de la pâte constitue l'œil d'éléphant.
Posez la brioche obtenue sur un carré de papier sulfurisé.
Disposez toutes les brioches mises en forme dans un panier à cuisson vapeur. Laissez-les gonfler dans un endroit tiède avant de les faire cuire à la vapeur pendant 45 minutes.

Petits pains farcis à la viande de porc
(rouxian xiao longbao)

La recette de base est la même que les « petites brioches "œil d'éléphant" », avec une farce salée.

Pour 18 petites brioches :
Pâte
1 kg de farine
1/2 l de lait
3 blancs d'œuf
100 g de saindoux (ou de beurre)
20 g de levure de boulanger
20 g de sucre
Farce
300 g de viande de porc
50 g de fécule
10 g de sel
50 g de champignons parfumés trempés 20 mn dans l'eau, puis hachés
25 g de liserons d'eau hachés
1 cuillère à soupe de vin de Shaoxing
1 botte de ciboulette ciselée
18 carrés de papier sulfurisé de 10 cm

Diluez la levure dans 2 cuillères de lait tiède. Formez un puits avec la farine, ajoutez au centre le sucre, le saindoux, les blancs d'œuf, la levure diluée et le lait. Ramenez la farine vers le centre et formez une pâte souple.
Laissez doubler la pâte de volume dans un endroit tiède (l'idéal est de préparer la pâte la veille).
Cassez la pâte gonflée, puis retravaillez-la à la main. Divisez-la en 18 morceaux.
Etalez chaque morceau de pâte en forme ronde à l'aide d'un rouleau.
Mélangez tous les ingrédients de la farce. Divisez-la en 18 portions. Formez des boules. Prenez une boule de farce et placez-la au centre d'une pâte. Couvrez la farce avec les bords de la pâte en imprimant un mouvement spiralé jusqu'à fermeture de la brioche. Posez la brioche obtenue sur un carré de papier sulfurisé.
Disposez toutes les brioches mises en forme dans un panier à cuisson vapeur. Laissez-les gonfler dans un endroit tiède avant de les faire cuire à la vapeur pendant 45 minutes.

Pavillon du Yuanmingyuan, d'après un album signé de Tang Dai et Shen Yuan, 1744.

Légumes salés présentés dans une boîte d'émaux cloisonnés au motif de fleurs de tournesol
Légumes saumurés
Riz rond servi dans un bol au motif des Cinq Céréales
Auxquels s'ajoutent 7 tables de mets en réserve pour satisfaire l'appétit de l'empereur.
Table n° 1 : 8 sortes de mets à base de produits laitiers, 3 sortes de *bobos*, 1 bol de légumes
Table n° 2 : 2 sortes de mets à base de produits laitiers, 15 sortes de *bobos* dont 4 cuits au four
Table n° 3 : 10 sortes de nourritures cuites au four
Tables n°s 4 et 5 : 8 sortes de viandes
Tables n°s 6 et 7 : assiette de viande de mouton
17 heures : Collation. L'empereur invite l'impératrice et d'autres personnalités à assister à un feu d'artifice.
16 paniers de fruits frais
16 assiettes de *bobos*
28 paniers de perles de riz glutineux farci (*yuanxiao*) (chaque panier contient 8 bols).
Emincé de viandes aux épinards à la sauce aigre
Riz aux crevettes
Canard au vinaigre
Marmite de poulet

Les goûts gourmands d'un empereur étaient marqués du sceau du secret d'Etat. Toutefois, les notes et observations de la cour, l'analyse des menus qui lui sont servis montrent que Qianlong avait une préférence pour les mets à base de canard, de nids d'hirondelles, de pâté de soja, de gluten, de viande de mouton, de viande de cerf, de poisson, de pâtes de farine de blé ou de farine de riz glutineux, de pâtisseries sucrées et de thé au lait. Il n'appréciait guère les ailerons de requin, qui n'auraient jamais été servis durant son règne ! Ses six tournées d'inspection dans le Sud avaient épanoui et renforcé sa curiosité gustative et il aimait particulièrement la cuisine de Suzhou.

Canard aux huit immortels
(yanguo baxian ya)

La consommation de ce mets présage une longévité certaine par sa référence aux huit immortels. Sa première apparition dans les menus impériaux date du 7 juillet 1779, dans le menu du petit-déjeuner. C'était un des mets favoris de Qianlong car il regroupait les nids d'hirondelles et le canard.

1 canard de 1 kg
2 cuillères de vin de Shaoxing
10 g de sel
20 g de gingembre en lanières
1 oignon coupé en deux
100 g de nids d'hirondelles
1/4 de bouillon de poulet

Faites tremper la veille les nids d'hirondelles déshydratés, en changeant d'eau trois fois. Enlevez les plumes s'il en reste.
Faites blanchir les nids d'hirondelles réhydratés dans de l'eau frémissante. Egouttez à la passoire et pressez sur les nids pour faire sortir le maximum d'eau. Faites blanchir une seconde fois, puis égouttez et pressez.
Salez le canard. Massez-le avec le vin de Shaoxing. Mettez-le dans un plat avec le gingembre et l'oignon. Faites cuire à la vapeur pendant 3 heures.
Après cuisson, désossez le canard. Répartissez la chair dans 9 petits bols. Ajoutez dans chaque bol les nids d'hirondelles et un trait de bouillon de poulet.
Faites cuire à la vapeur les petits bols pendant encore une heure avant de servir.

Fervent bouddhiste, Qianlong consommait des repas végétariens lors des fêtes religieuses ou en certaines occasions. Le premier jour de la nouvelle année et les jours de fêtes bouddhiques, tout le palais était astreint à la cuisine végétarienne. Il arrivait que l'empereur ordonne la préparation de ces mets directement aux cuisines des monastères pour en renforcer le caractère religieux.

L'amour contribua à élargir ses goûts alimentaires. Sa passion pour la concubine Xianfei (« Favorite Parfumée ») l'avait entraîné dans l'exotisme des plats musulmans de l'ethnie Hui et il avait affecté à son service un chef cuisinier spécialisé dans les plats ouighours et musulmans.

Après ses expéditions dans le Sud, la place de la cuisine chinoise han devint plus importante. Ainsi, au sein de la cour, deux styles culinaires coexistaient pacifiquement jusqu'à fusionner pour le banquet han et mandchou (*manhanquanxi*), cependant que la distinction des repas en han ou mandchous limitait le contact des cuisiniers des deux origines ethniques.

La mise en œuvre des menus par les cuisiniers

Le personnel des cuisines ne pouvait être en contact avec la famille impériale. Il était recruté selon trois sources :
– Les cuisiniers mandchous, arrivés en même temps que la dynastie des Qing, occupaient en général les postes les plus gradés. La charge était héréditaire. Ils habitaient à Haitian, à l'est de Pékin, et formaient une communauté très soudée.
– Les cuisiniers han, originaires du Shandong, étaient l'héritage de la précédente dynastie.
– Les cuisiniers chinois régionaux et à spécialités, recrutés par Qianlong au cours de ses inspections en province, avaient des habitations proches des casernes des gardes impériaux qui, à tout moment, « pouvaient intervenir ».

Les archives du service de bouche de cette période nous révèlent la présence de cuisiniers spécialisés dans la gastronomie de Suzhou, dont Zhao Yugui, Chang Er, Zheng Er, Sui Ying, Wu Jinchao et le célèbre Zhang Anguan.

Zhang Anguan, originaire de Suzhou, servit comme cuisinier à la résidence du directeur du bureau impérial du Tissage de Suzhou. Qianlong avait trouvé divins ses mets à base de poissons lors de sa quatrième inspection dans le Sud et il ne pouvait se passer de ses services. Les archives mentionnent que du 22 au 30 novembre 1749, durant ces seuls neuf jours, l'empereur se fit servir quatre fois du poisson braisé, trois fois du poisson à la sauce aigre-douce et trois fois du poisson aux haricots noirs !

Après son arrivée à la cour, le nom de Zhang Anguan apparaît presque à chaque menu. Il était devenu le cuisinier attitré de l'empereur, même lors de ses déplacements hors de la capitale, et lorsque ce dernier prenait ses quartiers d'été au Yuanmingyuan (Palais du Jardin de la Clarté Parfaite). En 1784, lors de sa sixième inspection au Jiangnan, après vingt années de service, l'empereur le raccompagna en personne, en grand pompe, âgé de 70 ans, dans ses foyers. Il était très malade. Durant son service, l'empereur lui avait témoigné sa reconnaissance par des cadeaux réguliers de lingots d'or et d'argent, et de pièces de soie.

Premier plat sous le ciel (*tian xia diyi cai*)

Ce « premier plat sous le ciel » est appelé aussi « crevettes sur croûte de riz caramélisée » (*xia-ren guoba*). C'est une spécialité de la région de Jiangnan. Qianlong le dégusta pour la première fois lors de sa troisième expédition dans le Sud, dans une petite auberge. Une fine couche de riz est frite au fond du wok avec de la matière grasse pour être caramélisée (la croûte est légèrement brûlée grâce à l'amidon du riz). Le riz est transvasé dans une soupière. Au moment du service, un riche bouillon (ou une sauce) avec une garniture parfumée (viandes et/ou légumes) est versé sur le riz. Au contact du liquide, le riz crépite et une odeur de brûlé flotte dans l'air. C'est devant ce spectacle que Qianlong baptisa ce mets « premier plat sous le ciel ». C'est un mets qui remonte à la dynastie des Tang.

150 g de riz parfumé cuit
200 g de grosses crevettes décortiquées
1 blanc d'œuf
150 g de maïzena
100 g de champignons parfumés, trempés 20 mn dans l'eau puis émincés
100 g de suprême de poulet cuit et émincé
1 cuillère à soupe de concentré de tomate
10 g de sucre
5 g de poivre moulu
20 g de sel
50 g de vin de riz
1/4 l de bouillon de poulet

Mélangez les grosses crevettes et le blanc d'œuf, puis enrobez-les de maïzena.
Mettez un peu de graisse dans le wok et faites frire les crevettes. Réservez.
Tassez en fine couche le riz au fond du wok. Laissez-le griller jusqu'à une belle coloration de caramel.
Egouttez le riz caramélisé. Mettez-le dans un plat creux.
Faites sauter les champignons parfumés et les suprêmes de poulet. Ajoutez ensuite le concentré de tomate, le vin, le bouillon de poulet, le sucre, le poivre et le sel. Dès la première ébullition, ajoutez les crevettes frites.
Amenez séparément le riz caramélisé et la garniture de crevettes.
Versez les crevettes sur le riz au dernier moment devant les convives.

La préparation des repas faisait l'objet d'une étroite surveillance. Les cuisines impériales comptaient au total 120 fourneaux. Le seul combustible utilisé était du charbon de bois d'essences particulières, traité spécialement pour éviter tout excès de fumée. Chaque fourneau était numéroté et trois personnes lui étaient affectées : un poste de commis pour les menus travaux, un poste de préparateur des ingrédients et des assaisonnements, un poste de chef de cuisson.

Chaque brigade de la cuisine impériale recevait de l'économat les matières premières nécessaires à la confection des plats pour son fourneau. La liste de sortie des produits était contrôlée par rapport à l'allocation de son destinataire. A partir de ce moment, chaque geste était enregistré. Le nom des opérateurs pour chaque étape du processus culinaire était consigné par les inspecteurs du bureau des Affaires Intérieures, des matières premières brutes jusqu'aux plats cuisinés. Les préparateurs assuraient les opérations d'épluchage, de triage, de lavage, de mise en forme des produits (émincer, couper, hacher...). Ce travail était contrôlé et validé par des inspecteurs avant sa remise au responsable de « mise en goût ». Les inspecteurs surveillaient toujours la bonne exécution des fiches de recettes impériales dans le dosage des épices, la forme et le respect des ingrédients. Ensuite, ils donnaient le feu vert au chef de cuisson. Une fois celle-ci terminée, le chef de cuisson dressait les plats cuisinés dans des plateaux ou des assiettes en argent massif pour un premier test de sécurité. Si jamais du poison était présent, ceux-ci noircissaient. Des eunuques les transvasaient ou non au moment du service dans d'autres types de récipients selon la vaisselle de présentation édictée lors de l'élaboration du menu. Les inspecteurs les mettaient ensuite dans les « paquets » et les recouvraient d'étoffe jaune. Les paquets étaient alors gardés au chaud (difficilement) dans l'attente du service à l'empereur. Ils étaient ouverts sous les yeux mêmes de l'empereur, par mesure de sécurité. Chaque geste de la brigade était épié par les contrôleurs de la Maison impériale. Chaque opération répondait à une procédure codifiée.

La logistique pour la production des repas était très précise. Pour un banquet mandchou de premier grade, il était attribué 8 livres de bois et 50 livres de charbon. Un fourneau était attribué pour 20 convives. Pour le matériel de cuisine, la fabrication des repas pour 20 personnes nécessitait quatre grands bols, un cuiseur vapeur, un wok, une louche en métal, une poêle à rôtir, un couvercle rouge pour protéger les aliments des mouches, un chiffon rouge pour chaque table de travail. Il faut rajouter encore les boîtes de nourriture, les paniers, les passoires de différentes tailles, les balais, les seaux et les pelles.

Coffret à vaisselle en bois et en vannerie, dynastie Qing.
A droite : L'impératrice rend ses devoirs à l'impératrice douairière en réservant son repas. Détail d'une peinture de cour, XVIIIe siècle.

LE RITUEL DES REPAS QUOTIDIENS ET DU SERVICE

Les repas quotidiens de Qianlong étaient tout le contraire du faste de la cour de Louis XIV à Versailles, où le repas faisait partie de la politique et constituait en lui-même un spectacle. A la Cité Interdite, les repas étaient des moments de solitude pour chacun des membres de la famille impériale, dans le secret de leurs résidences respectives et avec pour seuls témoins les eunuques et les dames de cour. L'empereur comme chacun des membres de sa parenté vivait seul dans ses appartements. Les relations familiales étaient soumises à un formalisme extrême. Elles se résumaient en salutations matinales (*qing an*) que l'empereur, l'impératrice, les concubines et les enfants impériaux accomplissaient séparément à l'impératrice douairière. Cette dernière, de même que l'impératrice, ne venait saluer l'empereur chez lui que le jour de son anniversaire et du sien.

Les seuls repas pris en commun étaient ceux des fêtes du calendrier chinois, comme la fête du Printemps, la fête des Lanternes, la fête de la Mi-Automne… ou au moment des fêtes familiales comme les anniversaires ou les mariages. Ils donnaient lieu à un banquet officiel strictement codifié.

Les cent oiseaux retournent au nid (*ba niao chao feng*)

C'est le plat pour fêter les 60 ans de l'impératrice douairière. Il symbolise la réunion familiale, la continuité du clan. Ce banquet d'anniversaire était un des rares repas familiaux qui réunissaient la famille impériale au complet. Le plat se présente sous la forme d'un nid fait à base d'une julienne cuite en friture. Le contenu du nid dépend de la créativité des cuisiniers. A la cour, ils reconstituaient avec des ingrédients comestibles cent espèces d'oiseaux à leur taille réelle. Ils restituaient également la couleur des plumages et les différentes postures des oiseaux.

Nid
250 g de taros râpés (on peut les remplacer par des pommes de terre)
20 g de fécule • 10 g de sel
1 œuf • huile de friture
Cailles
9 cailles • 20 g de gingembre haché
20 g de sucre
20 g de poudre de cinq parfums
Décor
1 botte de coriandre • 1 botte de radis

Frottez les cailles avec le mélange de gingembre, de sucre et de poudre de cinq parfums.
Lavez les radis. Fendez-les en croix aux trois quarts de leur hauteur pour les transformer en fleurs. Plongez-les dans l'eau froide pour qu'elles s'ouvrent.
Mélangez les ingrédients du nid. Faites frire le mélange de taros emprisonné entre deux passoires de même taille pour former un nid. Faites frire ensuite les cailles, déposez-les de manière circulaire dans le nid. Décorez le centre de radis en fleurs et de coriandre.

L'invitation à un repas privé avec l'empereur suivait un cérémonial fastidieux. S'il invitait une favorite à déjeuner, le message devait passer par le bureau des Eunuques. L'invitée arrivait en chaise à porteurs. Elle devait se prosterner avant et après le repas, et à chaque bouchée, sous l'œil des eunuques et des gardes. Ce n'était un plaisir pour personne. Pour cette raison, l'empereur préférait manger seul. Toutefois, il lui arrivait de dîner plus simplement avec ses princes et dignitaires, en dehors de la cour ou au moment des chasses.

Les repas de l'empereur

La vie quotidienne de l'empereur est décrite dans les annales des premières années du règne de Qianlong. Le cérémonial débute par la toilette qui consistait à s'humecter le visage et les mains avec de fines serviettes plongées dans une cuvette d'eau chaude. Il est suivi par le travail du coiffeur et du barbier. Ces deux métiers exigeaient une grande dextérité. Ils ne devaient pas prendre appui sur la tête du Dragon ni le raser à rebrousse-poil, sous peine d'aller en sens inverse des écailles du Dragon. Chaque matin à quatre heures, une fois debout, l'empereur consomme d'abord un bol de soupe de nids d'hirondelles cuits au sucre candi. Puis, il va feuilleter un volume des chroniques ou des instructions impériales des dynasties précédentes dans le pavillon chauffé de l'ouest du Palais de la Pureté Céleste, ou dans la Salle de la Vaste Vertu, ou encore dans le pavillon chauffé de la Salle de la Nourriture de l'Esprit. Aux environs de huit heures, il déjeune et examine en même temps la liste des princes, ducs et ministres qui demandent audience. Ensuite, il lit les mémoires préparés par ses ministres et donne audience. Vers quatorze heures, il dîne. Au cours du repas, il expédie à nouveau les rapports que lui font parvenir les ministres et les gouverneurs des provinces par l'intermédiaire du Conseil d'État. L'emploi du temps de l'après-midi est organisé selon ses désirs. Le soir, vers dix-huit heures, il a une simple collation avec des *bobos* et des fruits frais. Quand il séjourne au bord de la mer ou dans l'un de ses parcs impériaux, il suit à peu près le même rituel. En plus des repas principaux, des collations sont servies à son gré. Des termes spéciaux étaient utilisés pour désigner ses repas : au lieu de dire « manger », on utilisait l'expression « transmission des aliments » ou encore « consommation des aliments ».

Nids d'hirondelles cuits au sucre candi (*bingtang yange*)

Qianlong avait une préférence particulière pour les nids d'hirondelles. Il les consommait aussi bien en mets sucrés que salés. Quel que soit l'endroit où il se trouvait, à la Cité Interdite, lors de ses tournées d'inspection dans le Sud ou à Mulan lors de la chasse d'automne, il commençait toujours sa journée en dégustant des nids d'hirondelles cuits au sucre candi servis dans un bol décoré du caractère de longévité de printemps (*chun shou*). Les premières évocations de nids d'hirondelles dans les écrits culinaires datent de la dynastie des Yuan. C'est un mets prestigieux aux vertus revigorantes. Il s'agit de nids d'un blanc laiteux construits avec la salive d'un sous-groupe de martinets appelés salanganes (*collocalia fuciphaga*). Ces oiseaux vivent en colonies et construisent leurs nids sur les parois de grottes difficiles d'accès à une hauteur vertigineuse. Chaque hirondelle ne peut construire que trois nids par saison. La qualité du premier, *mao yan* (plume d'hirondelle), est la plus exquise pour la texture. Il est construit en été et avant la ponte des œufs. Le second nid, fait après la ponte des œufs, est appelé *xue yan* (sang d'hirondelle). Le dernier nid s'appelle *guan yan* (palais d'hirondelle). Les hommes risquent leurs vies pour sa cueillette. Ceci explique son prix plus qu'exorbitant. Ils n'ont pas de goût particulier.

125 g de nids d'hirondelles déshydratés
3/4 l d'eau • 250 g de sucre candi • 100 g de cerises

Faites tremper la veille les nids d'hirondelles déshydratés, en changeant d'eau trois fois. Enlevez les plumes s'il en reste.
Faites blanchir les nids d'hirondelles réhydratés dans de l'eau frémissante. Égouttez à la passoire et pressez sur les nids pour faire sortir le maximum d'eau. Faites blanchir une seconde fois puis égouttez et pressez.
Faites un sirop avec l'eau et le sucre.
Répartissez les nids d'hirondelles dans neufs petits bols.
Mouillez à hauteur avec le sirop.
Faites cuire les bols remplis au bain-marie pendant deux heures.
Au moment de servir, décorez avec les cerises dénoyautées.

En temps normal, l'empereur prenait trois repas par jour. Lorsqu'il faisait abstinence et se purifiait, il ne buvait pas de vin et ne consommait pas de légumes aux goûts relevés. De même, en cas de grande épidémie, de calamité ou d'invasion étrangère, les menus étaient allégés.

Ainsi, quand Qianlong porte à ses lèvres impériales une bouchée d'aliments, il accomplit un acte dont la préparation a mobilisé une infinité d'énergie, de talents et de richesses.

Les repas étaient servis soit dans l'appartement de l'empereur, soit dans les lieux mêmes où il se trouvait lorsqu'il le souhaitait. Dès que le désir impérial était exprimé, l'intendant des mets transmettait l'ordre de proche en proche jusqu'à la cuisine impériale. Les eunuques dressaient les tables. Elles étaient nappées d'un tissu jaune décoré de dragons, fixé aux quatre coins par des attaches de ficelles jaunes.

De la cuisine, un cortège se formait pour acheminer aussitôt les mets jusqu'au lieu de consommation. Les repas étaient livrés par la cuisine impériale dans des paniers en bois peints en jaune et sculptés de dragons, empilés par trois ou quatre. Ces paniers à repas, appelés « paquets », étaient recouverts d'une étoffe ouatée jaune aux motifs de dragons dans les nuages. Après qu'ils étaient passés entre les mains des différents « relayeurs », l'intendant des mets les montrait à l'empereur avant de les ouvrir. Les mets étaient ensuite disposés sur les tables selon l'ordre rigoureux, esthétique et symbolique défini au moment de la conception du menu. De par la distance qui séparait la cuisine impériale du lieu de consommation, ou du délai d'attente des mets, il arrivait très souvent que les repas arrivent tièdes ou complètement froids ! Les plats acheminés étaient alors réchauffés sur un réchaud à braises dans une pièce annexe. Un éventail de batterie de cuisine « nomade » était réservé à cet effet, surtout pour la saison froide, avec un jeu de deux bols en argent superposés, celui du dessus contenant le mets, celui du dessous de l'eau chaude. Un autre jeu était constitué d'un bol et de deux plats en métal. Les mets étaient mis dans le bol, enfermé entre deux plats chauffés, puis transvasés dans un bol en porcelaine, immédiatement avant le service de l'empereur.

Les mets étaient d'abord déposés sur la table des « essais » par l'intendant des mets, et un bâton d'argent était inséré dans chaque plat, qui aurait pris au contact de l'arsenic une teinte noire. L'intendant des mets présentait chacun d'eux à l'empereur. Leur appellation évoquait souvent des souhaits de longévité, de bonheur, de prospérité, de vœux exaucés. L'empereur ne mangeait pas ainsi seulement des aliments, mais aussi des symboles. Il ne goûtait que quelques plats placés devant lui, les autres servant de décoration. L'intendant des mets notait scrupuleusement le nombre de ceux honorés par l'empereur, le nombre de fois où il s'était servi du même et les quantités consommées. Il devait en aviser le bureau des Affaires Intérieures. La desserte de l'empereur, constituée des reliefs de son repas, était généralement offerte aux favorites et concubines, aux princes et princesses, aux grands dignitaires ou aux mandarins du bureau des Affaires Intérieures, du Grand Secrétariat ou des ministères. Très souvent, les eunuques tiraient parti de ces dessertes de table et les revendaient à l'extérieur. Leur prix de vente était proportionnel au caractère impérial du repas !

Dessus de table en soie jaune, brodé d'un dragon (symbole de l'empereur) et d'un phénix (symbole de l'impératrice).

Les reliefs des repas

L'impératrice Xiaoding (l'épouse en titre de l'empereur Guangxu) était une épouse délaissée. L'empereur, qui ne l'aimait point, ne l'honorait de sa présence ni la nuit, ni le jour. Elle prenait ses repas avec l'impératrice douairière ou, plus exactement, elle mangeait à sa table puisqu'elle devait attendre que la vieille aïeule eût achevé de se régaler pour se nourrir de ce qu'elle avait laissé. En un mot, elle finissait ses reliefs, honneur insigne dont chacun rêvait d'être comblé. Il arrivait parfois que, dans un moment d'infinie bonté, l'aïeule invitât un eunuque ou une demoiselle d'honneur à finir un plat auquel elle avait goûté ou à boire un fond de thé resté dans sa tasse ; dès lors, l'heureux bénéficiaire était investi d'un prestige nouveau et sa promotion suivait aussitôt ; certains gravissaient ainsi les échelons de la hiérarchie en vidant les assiettes, provoquant les rancœurs et les jalousies de ceux qui n'avaient jamais eu le bonheur de déguster les précieux restes.

Dan Shi, *Mémoires d'un eunuque dans la Cité Interdite.*

Plateau et coupe jaune impérial à décor de dragons, dynastie Qing.

Lorsque l'empereur se déplaçait, des eunuques le suivaient en cortège avec des tables, de la vaisselle, de la nourriture maintenue au chaud dans des plats en porcelaine remplis d'eau chaude. Il était aussi suivi par la brigade des rafraîchissements, munie de deux paniers en bambou contenant différentes boissons et des douceurs, et d'un réchaud mobile.

La vaisselle de table

La vaisselle utilisée à la cour était surtout d'or et d'argent. Il y avait aussi des émaux cloisonnés ; des pierres dures comme le jade, l'agate, le quartz ; des porcelaines, des ivoires et des bois précieux. Il s'agissait de plateaux, de bols, de louches, de piques, de plats ovales, de boîtes, de cuillères, de baguettes d'une grande finesse et dont la possession était interdite aux gens du commun. La cuisine impériale disposait de 3 000 ustensiles en or et en argent. Certaines pièces en or pesaient 140 kilos. Au cours des banquets, l'empereur se servait de bols en jade. La vaisselle et les objets en usage à la cour impériale étaient fabriqués par les ateliers de la Cité Interdite. Ces ateliers regroupaient les meilleurs artisans issus des différents centres d'art provinciaux. Dans le domaine des arts de la table, la verrerie était importante et le département de la verrerie fut créé en 1696 par l'empereur Kangxi. Il produisait des verres, émaillés ou non. Les artisans verriers travaillaient avec des Européens, surtout des Allemands, qui avaient introduit les techniques occidentales.

En bas : Couverts et baguettes en or réservés à l'empereur.
En haut : Panier à repas à trois étages ; dix-huit animaux ornent le dessus et quatre-vingt-deux les côtés, formant un total de cent animaux, qui évoquent les cent longévités.

Les pièces de porcelaine étaient fabriquées dans les célèbres fours de la Manufacture impériale de Jingdezhen, dans la province de Jiangxi. Le même empereur Kangxi y relança la production en 1683. La demande du palais en pièces monochromes pour les cérémonies rituelles et officielles avait certainement stimulé la créativité des potiers. A la cour impériale, il arrivait de manger avec des baguettes, mais c'était chose plutôt rare. Ainsi, le couvert personnel de Qianlong comportait aussi bien des baguettes de jade et d'or qu'une fourchette à fruits, une cuillère dorée, un couteau de table au manche en émail bleu et doré et au fourreau orné d'or, des coupes en or.

Un contrôle périodique de l'état et de la quantité de la vaisselle était réalisé tous les dix ans. Les pièces usées, endommagées, hors d'usage ou « perdues » étaient consignées, puis refaites à l'identique par les services du palais. Sur ordre impérial, un inventaire fut réalisé en 1756, en la vingt et unième année du règne de Qianlong.

La quantité de vaisselle allouée à chaque membre de la

famille était réglementée. La dotation de l'empereur était illimitée. Le service de l'impératrice douairière et de l'impératrice comportait 36 pièces de vaisselle en or, 98 pièces de vaisselle en argent, 340 pièces d'assiettes, de bols, de verres en porcelaine. Le service d'une concubine ne comptait que 7 pièces de vaisselle en argent et 121 pièces de porcelaine.

La vaisselle était choisie avec un soin attaché aussi bien à la forme du récipient qu'à sa matière, sa couleur et son motif décoratif, pour s'harmoniser avec les mets présentés. La forme ronde du bol est symbole d'unité de l'empire. Le motif des Cinq Bonheurs, seul ou entouré par la longévité, est un souhait de bonheur éternel à l'empereur. La couleur jaune est réservée à son usage exclusif.

Le service des eunuques et des dames de cour

Le service des repas était assuré par les eunuques. Ces derniers, accompagnés des dames de cour, étaient les seuls en contact direct avec l'empereur et sa famille dans la vie courante de la cour. Le nombre des eunuques varia selon les périodes. En 1751, Qianlong fixa l'effectif à 3 300, mais ce nombre ne fut jamais atteint. En 1793, on en comptait 2 605, en 1842, 2 216. Il en restait encore 800 à 900 en 1920. L'admission des eunuques était effectuée tous les trimestres par les officiers de la Direction des cérémonies et de la Direction des comptes de la Maison impériale. La liste des candidats était fournie par le ministère des Rites, dans la Maison impériale elle-même. Un sous-chef des eunuques décidait ensuite de l'affectation des recrues. Les dames de cour, au nombre de 9 000 sous les Ming, n'étaient plus que 400 à 500 en 1710, environ 300 en 1768 et moins de 200 à la fin du XIXe siècle.

L'introduction des eunuques au service des Mandchous était récente. Les Mandchous avaient une institution particulière basée sur la servitude domestique héréditaire. Ce personnel était constitué de prisonniers de guerre, de condamnés de droit commun et de leurs descendants. Il était incorporé aux Huit Bannières. Les eunuques avaient pu maintenir leurs fonctions grâce à l'accueil triomphal qu'ils avaient réservé aux Mandchous à leur entrée dans Pékin en 1644. Les conquérants savaient qu'ils étaient responsables du déclin de la dynastie des Ming, par leur ingérence dans la vie politique, mais ils furent maintenus dans leurs fonctions, en dépit des préventions, aux côtés

**Deux aiguières et une cuvette en émaux cloisonnés avec médaillons peints sur cuivre, ateliers impériaux de Chine, XVIIIe siècle.
A droite : Eunuques de la fin de la dynastie des Qing.
Page 84 : Portrait de l'impératrice Cixi.**

de la Maison impériale. Organisés en treize bureaux (shi-san yamen) en 1654, ils reprirent même pour un temps le monopole des affaires du palais. Mais ils perdirent ce privilège par les intrigues auxquelles ils se livrèrent aussitôt et furent placés à nouveau, en 1661, dès la mort de l'empereur Shunzhi, sous la responsabilité hiérarchique de la Maison impériale.

Les eunuques du palais étaient organisés selon une stricte hiérarchie. Ils bénéficiaient depuis 1726 de grades mandarinaux qui déterminaient le montant de leur salaire, versé en nature et en espèces, et celui des primes.
A la période de Qianlong, un eunuque au quatrième grade touchait 8 taels, 8 boisseaux de riz, 1 300 sapèques. Au cinquième grade : 7 taels, 7 boisseaux de riz, 1 200 sapèques. Au sixième grade : 6 taels, 6 boisseaux de riz, 1 100 sapèques. Au septième grade : 5 taels, 5 boisseaux de riz, 1 000 sapèques. Au huitième grade : 4 taels, 4 boisseaux de riz, 700 sapèques. Un eunuque sans grade touchait 2 à 3 taels, 2 à 3 boisseaux de riz et 600 sapèques.
Ce salaire fixe était arrondi par des primes d'ancienneté, des récompenses pour services supplémentaires et des primes spéciales offertes à l'occasion des grandes fêtes, des anniversaires des souverains, des mariages et des naissances. Ces primes consistaient en sommes d'argent, mais aussi en rouleaux de soie, en objets précieux ou en calligraphies. La même politique salariale était appliquée aux cuisiniers. Les promotions et les punitions relevaient du chef des eunuques, lui-même soumis aux surintendants de la Maison impériale. Les eunuques étaient répartis en différents bureaux qui correspondaient soit à une fonction spécifique, soit à un bâtiment dont ils assuraient le service et la garde. Ceux qui étaient destinés au service de l'empereur et de sa famille étaient les plus qualifiés.
La formation professionnelle était dispensée par un ancien du métier. L'essentiel s'apprenait sur le terrain par l'expérience. Les maîtres mots étaient la soumission, l'obéissance, l'attente, et la psychologie. Les eunuques passaient leur vie à genoux. Le sort des cuisiniers était plus enviable ! Ils ne pouvaient s'adresser à l'empereur et ses épouses, ou les écouter, qu'à genoux, la tête inclinée. Pour leur tendre un objet, ils devaient adopter la même position, le présenter des deux mains et le poser devant eux sur la table. Pour

Cixi, la favorite de l'empereur Xianfeng, devint impératrice douairière quand son fils l'empereur Tongzhi accéda au trône. L'histoire a gardé d'elle l'image d'une femme capricieuse et cruelle. La servir était, pour les eunuques et les dames de cour, une tâche redoutable.

L'impératrice douairière était très friande de ces pao-tseu fourrés d'un assortiment de viandes et de poissons rares que l'on mangeait enveloppés dans une feuille de légume cru. Autrefois, lorsque le vaillant général Dorgon avait franchi la Grande Muraille de Chine, il avait distribué à ses soldats affamés du sorgho réquisitionné dans les villages, enveloppé dans des feuilles de légumes crus, et c'est ainsi, emplis d'une nouvelle vigueur, que les Mandchous avaient pu vaincre les armées Ming. Ce plat était donc considéré comme de bon augure, et la coutume était demeurée, à la cour des Qing, de manger des mets enveloppés de feuilles de légumes pour célébrer les événements favorables. (…)
Après s'être humecté la bouche d'une gorgée de thé au chèvrefeuille, Cixi ordonna qu'on lui apporte le sauté de viandes farci dans des feuilles de chou.
Les eunuques entourant la table impériale retinrent leur souffle. Ce pao-tseu était non seulement un des plats favoris de l'impératrice douairière, mais aussi un mets raffiné et de bon augure. Si le goût en déplaisait à la souveraine, c'était un manque de respect envers elle et un mauvais présage, et aucun des eunuques présents n'échappait à la bastonnade.
Lors du dîner, les plats étaient servis en trois fois, disposés sur quatre grandes tables rondes, et le nombre de mets atteignait les trois cent soixante.
Prenant son courage à deux mains, le chef du service apporta respectueusement le plat de pao-tseu, mais se retira aussitôt après des prosternations répétées, comme pour échapper à la suite.
Confier à un eunuque le rôle consistant à rouler le sauté de viandes brûlant dans une feuille de chou pour le présenter sur une assiette tenue à bout de bras haut au-dessus de sa tête, revenait à demander à une souris d'attacher une clochette au cou d'un chat. Si le plat déplaisait à la souveraine, l'eunuque qui l'avait servie était le premier battu, et son offense était considérée comme la plus grave.

Asada Jirô, *Le Roman de la Cité Interdite*.

s'agenouiller, il fallait mettre d'abord le genou gauche en terre et prendre soin que sa natte reste au milieu du dos. Il fallait s'agenouiller à trois reprises et se frapper le front neuf fois sur le sol. Il n'était pas question de caresser seulement le sol, car la sonorité du choc était proportionnelle à la gratitude exprimée. Il était important que le bruit soit entendu de tous. Ils devaient marcher le corps droit, sans bouger la tête. Toute exubérance de caractère était proscrite : les rires devaient être silencieux, les lèvres mi-closes. De même, le langage devait être contrôlé. Aucun mot homophone des noms de la famille impériale ne pouvait être prononcé. Le vocabulaire du deuil, de la tristesse, de la mort était banni. Les termes étaient minutieusement gradués selon le rang respectif des interlocuteurs et selon l'occasion. Les eunuques appelaient l'empereur « Sire de Dix Mille Ans » (Wansuiye). Pour atteindre le niveau d'excellence et la perfection exigés par le cérémonial du service, les eunuques s'entraînaient régulièrement. Ils répétaient chaque geste en portant de lourds plats de service remplis de briques ou d'eau chaude. Ils comptaient les distances par le nombre de pas à exécuter. La majorité d'entre eux n'avaient pas désiré cette vie.

Les eunuques étaient issus des familles pauvres de quelques sous-préfectures autour de Pékin, dans le Sud du Hebei et la lisière du Shandong. La Cité Interdite ne recrutait que des castrats de moins de 15 ans qui n'avaient pas été mariés. Un petit nombre d'entre eux étaient assignés aux travaux domestiques chez les princes. Les deux officines voisines du palais, tenues par des petits mandarins, assuraient le recrutement et pratiquaient l'opération requise. Ils veillaient à leur convalescence, fournissaient le costume exigé et se chargeaient des formalités du palais, moyennant paiement remboursable sur les futurs gains. Il en coûtait 180 taels, alors que l'eunuque ordinaire ne touchait que 2 taels par mois. Les condamnés à la peine de castration, les enfants des parents condamnés à mort pour « conspiration » constituaient une autre source. Devenus eunuques, la majorité d'entre eux travaillaient comme des bêtes de somme toute leur vie durant dans le palais impérial et parfois, certains étaient torturés à mort. Lorsqu'ils devenaient trop vieux ou trop malades pour travailler, on leur permettait de quitter la cour. La plupart du temps, ils n'avaient pas leur place dans la société. Les gens du peuple les méprisaient. Vieux, malades et sans descendance, ils mouraient souvent dans la misère.

Un nombre infime d'eunuques de classe supérieure étaient assez riches pour se faire construire un temple dans lequel ils finissaient leur vie. Certains continuaient à se comporter en maîtres dans leur temple. A la fin de la dynastie des Qing, un eunuque nommé Li Lianying devint superintendant de la cour grâce à la faveur de l'impératrice douairière Cixi. Avec son pouvoir et l'argent qu'il avait amassé, il connut une retraite confortable.

Divertissement à la cour : l'impératrice Cixi (au centre) déguisée en Guanyin avec, à droite, Li Lianying déguisé en disciple du Bouddha.

DEUX PLATS PRÉFÉRÉS DE L'IMPÉRATRICE CIXI

Bing aux crevettes (*jian xian xia bing*)

C'est un plat originaire du Jiangsu qui a fait son apparition pour la première fois en 1884 dans les menus impériaux sous l'empereur Guangxu. Ce dernier avait continué la tradition de Qianlong de référencer les spécialités locales à la cour. Par la suite, l'impératrice Cixi était plus que friande de ces *bing* aux crevettes. Les crevettes sont appelées très souvent dans les menus « phénix », symbole de l'impératrice.

600 g de crevettes décortiquées et hachées
200 g de filet de porc haché
1 blanc d'œuf
10 g de gingembre haché
10 g de sel
5 g de poivre
40 g de maïzena
100 g de pois gourmands (coupez chaque pois gourmand en deux en biais)
100 g de champignons parfumés (trempés 20 mn dans l'eau, puis chaque champignon coupé en quatre)
100 g de fond de volaille
2 cuillères de graisse de canard
huile de friture

Mélangez les crevettes, le porc, le gingembre, le sel, le poivre et 30 g de maïzena.
Divisez en neuf parts. Façonnez chaque part en forme de galette.
Faites-les frire à l'huile. Réservez-les dans un plat.
Chauffez le wok. Ajoutez la graisse de canard et faites sauter les pois gourmands et les champignons parfumés.
Diluez 10 g de maïzena dans le fond de volaille. Versez-le dans le wok.
Laissez épaissir la sauce dans les légumes, puis versez-la sur les *bing* aux crevettes.

Langues de canard braisées (*qingdun yashe*)

Ce potage simple fut en vogue à la cour des Qing pendant dix ans. La locomotive était l'impératrice Cixi. Elle était si friande de ce potage que les cuisines impériales en préparaient quotidiennement. Les eunuques le maintenaient au chaud au bain-marie pour servir le plus rapidement possible l'impératrice. Ce potage créé à la cour devint un mets populaire.

35 langues de canard (on peut les remplacer par 100 g de gésiers de canard)
4 pièces de foie de canard
10 pièces de champignons parfumés trempés 20 mn dans l'eau puis émincés
50 g de jambon de porc émincé
1 l de bouillon de canard (fait avec la carcasse de canard et une lamelle de gingembre)

Faites blanchir les langues et le foie pendant 15 minutes dans l'eau chaude. Les égoutter et les émincer.
Regroupez dans une marmite en terre cuite les langues, le foie, le jambon, les champignons et le bouillon de canard. Couvrez.
Faites cuire très doucement pendant deux heures.

Les dames de cour étaient choisies parmi les filles des familles esclaves qui dépendaient du bureau des Affaires Intérieures de la cour. Ces filles, quand elles étaient âgées de 13 ans, devaient se présenter à un concours annuel présidé par l'économat du bureau. Les élues entraient dans les divers palais de la Cour Intérieure pour se mettre au service des impératrices et des concubines impériales. Il ne leur était alors plus possible de revoir leurs parents. Ceux-ci n'avaient pas le droit d'entrer dans la Cité Interdite. A l'âge de 25 ans, elles pouvaient quitter la cour pour aller se marier. Généralement, ces dames de cour souffraient tellement que certaines d'entre elles se suicidaient. D'autres succombaient sous les coups ou tombaient malades. Il arrivait qu'une belle servante plaise à l'empereur qui en faisait alors une concubine. Mais c'est un cas très rare dans l'histoire des Qing.

Les brigades d'eunuques et de dames de cour étaient tournantes et divisées en trois services : celui du matin, de l'après-midi et du soir. Chaque eunuque ou dame de cour travaillait un jour sur deux, et une demi-journée à chaque fois. Le travail n'était pas fatigant, mais la pression et les rivalités étaient importantes. Ils n'avaient pas le droit de consommer certaines catégories d'aliments. Le poisson, les crevettes, l'ail, l'oignon et la ciboulette étaient proscrits pour éviter de faire des « gaz » ou d'avoir une haleine marquée.

Interdiction de trop manger de peur... de faire des gaz

La deuxième et la troisième chose difficiles étaient de manger équilibré pour éviter de faire des gaz. Vous savez, il n'était guère facile de servir l'impératrice. De la tête aux pieds, il fallait être impeccable. Nous étions proches d'elle et ne devions surtout pas sentir mauvais. Pendant de longues années je n'ai pas mangé une seule fois de poisson, de peur d'en porter les relents. Si par hasard nous avions des gaz pendant le service, nous violions la règle ancestrale et commettions la « grande impolitesse ». La seule chose que nous pouvions faire pour éviter ces situations désagréables, était d'équilibrer chacun de nos repas. Nous ne mangions pas vraiment à notre faim. Dès que la tante nous jetait un coup d'œil, nous posions aussitôt nos bols sur la table. Pendant les nuits, nous avions droit à un souper (on l'appelait jia chai, « plat ajouté »). Mais personne n'osait le prendre et nous préférions rester le ventre vide jusqu'au matin. Tous les mois, nous avions droit à une portion différente de gâteaux ou de fruits. Par exemple, du jour du solstice d'été à la fin de cette même saison, nous avions droit à une pastèque par personne. Mais nous craignions de manger des choses froides et crues. Parfois, pour nous amuser, sur le perron devant la cuisine nous levions très haut la pastèque et la jetions par terre pour la voir se briser en mille morceaux.

Jin Yi, *Mémoires d'une dame de cour dans la Cité Interdite.*

LES BANQUETS

Les fêtes familiales et saisonnières ou les réceptions d'Etat donnaient lieu régulièrement à de grands banquets. Huit types de banquets étaient répertoriés :
– Banquet pour l'annonce des « avancements » (*fengguang jia mian*)
– Banquet pour les anniversaires impériaux (*qingzhu shenshou*)
– Banquet pour célébrer les victoires militaires (*qinggong zhujie*)
– Banquet pour les fêtes saisonnières du calendrier agricole (*yanqing shijie*)
– Banquet accordé aux princes vassaux (*cian zhu hou*)
– Banquet de longévité, en l'honneur des personnes âgées (*qianshouan*)
– Banquet sacrificiel (*jisi zhili*)
– Banquet des mariages ou des enterrements (*huanshan zhili*).

Ces banquets étaient cuisinés par le bureau des Banquets ou Guanlusi. Le nombre et la qualité variaient selon la dignité des convives. Ainsi, la différence de rang était toujours mise en évidence.

Le banquet mandchou
Le banquet mandchou (*manxi*) comprenait principalement des *bobos*, des *miqian* (fruits et végétaux confits au sucre), des plateaux de fruits frais ou séchés. Il comportait six classes. Les trois premières classes étaient servies après le décès de l'empereur, de l'impératrice, des favorites et des concubines jusqu'à la catégorie des *ping*. La quatrième classe était servie lors du banquet des trois grandes fêtes saisonnières comme le Nouvel An, la fête de la Mi-Automne, le solstice d'hiver, lors des mariages de la famille impériale ou des retours victorieux de l'armée. La cinquième classe était réservée aux banquets offerts aux ambassadeurs de la Corée, aux émissaires du Dalaï Lama ou du Panchen Lama, aux princes mongols. La sixième classe était réservée aux participants aux séminaires des Classiques, aux descendants du Grand Maître Confucius à l'occasion de leur venue dans la capitale, aux ambassadeurs du Viêtnam, des îles Liuqiu, du Siam, de la Birmanie, du Laos. Chaque table de banquet était dressée pour deux convives. La composition, la disposition et l'allocation budgétaire étaient codifiées pour chaque classe et suivies scrupuleusement.

Ainsi, pour un banquet mandchou de première classe, la quantité totale de pâte utilisée était de 120 livres ; la hauteur d'empilement des *bobos*, de 45 cm maximum ; le coût par table de 8 *liang*.

La composition recommandée comprenait :
4 assiettes de petits-fours glacés au sirop et farcis
2 assiettes de petits-fours moulés avec des motifs à base de miel et d'œuf
2 assiettes de petits-fours, colorés en blanc et jaune avec le motif du pin
6 assiettes de grands *bobos* avec motifs
3 assiettes de petits *bobos*
3 assiettes de beignets nappés de sirop à sucre roux et sucre blanc
12 assiettes de fruits séchés et confits
6 assiettes de fruits frais
1 assiette de douceurs coupées en forme de brique

Le grammage et le nombre d'ingrédients nécessaires pour la confection de ces assiettes étaient très détaillés. Il était alloué à ce banquet 150 œufs de poule, 120 livres de farine blanche, 8 livres de farine de légumineuse, 18 livres de sucre blanc, 6 livres de graines de sésame...

Le banquet chinois han

Le banquet han (*hanxi*), donc chinois, comprenait des mets à base de viandes et de volailles, des légumes, du pain cuit à la vapeur, des fruits frais. Il comportait cinq classes. La première classe était réservée aux mandarins qui rédigeaient l'histoire officielle. La deuxième classe était réservée aux chefs de jury lors des examens impériaux. La troisième classe était réservée aux officiers. Les deux dernières classes étaient réservées aux trois premiers lauréats des examens impériaux.

A titre d'exemples, les compositions de la première et de la dernière classe étaient les suivantes :

Première classe

23 bols de mets à base d'oie, de poisson, de poulet, de canard et de porc avec son intestin

8 bols de fruits frais

2 bols de mets cuits à la vapeur, dont le pain

4 bols de mets à base de légumes

Cinquième classe

15 bols de mets à base de viandes, excepté l'oie et le canard, et porc sans intestin

8 bols de fruits frais

2 bols de mets cuits à la vapeur, dont le pain

4 bols de mets à base de légumes

Ainsi, l'unité de mesure du banquet han était le bol. Chaque bol contenait un poids réglementé de produits. Par exemple, un bol équivalait à un tiers d'oie, un poulet entier, 200 g de viande de porc, 5 œufs, 12 pains farcis. Chaque pain farci était confectionné avec 56,70 grammes de farine et 14,17 grammes de farce de porc. La hiérarchie se calculait en termes de quantité et non de gastronomie. A partir de la liste des ingrédients autorisés, le service de bouche faisait des propositions de menus.

Cette codification des banquets han et mandchous était une base de référence. Dans la pratique, il arrivait très souvent qu'une cote mal taillée soit appliquée pour l'un ou l'autre. Ou bien, il arrivait que les banquets soient d'essence à la fois mandchoue et han (*manhanquanxi*). Ce banquet à double identité durait trois jours et trois nuits. Il comportait une liste codifiée de plus de 3 000 mets et friandises, représentant les fleurons gastronomiques de l'empire. Le style culinaire du banquet était fixé par l'empereur. A partir de 1760, le *manhanquanxi* quitta les limites de la cour pour devenir à la mode dans tout l'empire.

Le banquet du Nouvel An

Comme dans toute famille chinoise, la table de banquet de Nouvel An était l'aboutissement d'une série de rituels exécutés par la famille impériale. Le banquet nourrissait non seulement les vivants, mais aussi les dieux et les ancêtres qui recevaient eux aussi « une invitation » pour y prendre part.

Nian gao aux cent fruits (*baguo nian gao*)

Le *nian gao* est une nourriture rituelle du Nouvel An chinois. Le fait de manger du *nian gao* est un heureux présage. Sa signification est rendue par l'homophonie du caractère *gao* qui signifie à la fois « gâteau » et « élevé ». Il fait partie du menu des rares repas familiaux de la cour.

150 g de farine de riz glutineux
150 g de farine de riz
200 g d'eau
100 g de sucre
3 cuillères à soupe de saindoux (ou de beurre)
2 cuillères à soupe d'alcool de cannelier (ou de calvados)
100 g de fruits secs ou confits : peaux d'orange, kumquats, dattes, jujubes, litchis...

Faites un sirop avec le sucre et l'eau. Laissez refroidir.
Mélangez les deux farines. Délayez avec le sirop, puis ajoutez le saindoux (ou le beurre ramolli).
Une fois le mélange homogène, parfumez à l'alcool et ajoutez les fruits secs et confits.
Huilez un moule de 18 cm de diamètre et versez-y la pâte de *nian gao*.
Faites cuire à la vapeur 20 minutes.
Laissez refroidir.

Réjouissances du Nouvel An, Yao Wen-han, dynastie Qing.

Dieu de la Cuisine et sa femme.
Ci-dessous : Le caractère fu, « bonheur ».

Comme chaque année, le 23ᵉ jour du dernier mois, l'empereur sacrifiait pour Zaojun, le « dieu de la Cuisine ». Qianlong aimait particulièrement cette cérémonie, n'hésitant pas à battre le tambour et à chanter. Il offrait un mouton très gras, des fruits, des légumes, des *bobos*, des soupes, du thé au lait et surtout des *miqian* (fruits, légumes ou viandes confits au sucre) très sucrés. Le but était de coller les lèvres du dieu avec du sirop pour le rendre muet devant l'Empereur de Jade (divinité souveraine du panthéon taoïste). En effet, durant l'année, Zaojun était chargé de veiller sur le feu, mais aussi de noter les bonnes et mauvaises actions accomplies par chaque membre de la famille. Ce jour-là, il montait au Ciel pour faire son rapport annuel.

La prière bilingue (chinois-mandchou) au dieu de la Cuisine date du 21 mai 1659, 1ᵉʳ jour du quatrième mois, soixantième année de règne de Shunzi :

> *Faites en sorte que boissons et nourritures*
> *soient fournies au dieu de la Cuisine,*
> *Laissons-le faire dès que le feu est allumé,*
> *Présents de soie, de bétail, et de vin*
> *le premier mois du printemps,*
> *Que le dieu regarde dans le miroir*
> *et accepte ces présents.*

L'utilisation du miroir rappelle l'usage de ce dernier dans la communication avec les dieux dans le chamanisme.
Le dernier jour de l'année, Qianlong priait d'abord l'autel du Ciel et de la Terre placé dans la Salle de la Nourriture du Caractère. Cet autel servait aussi pour le mariage des empereurs régnants. L'empereur brûlait ensuite des encens devant les dieux dans le Hall des Bouddhas (Fotang). Il se rendait enfin au Palais de la Pureté Céleste pour se prosterner devant le portrait de Confucius et du dieu de la Médecine.

Les rites de passage vers la nouvelle année étaient respectés par l'ensemble de la cour. Chaque famille collait le caractère « Bonheur » (*fu*) sur toutes les portes de sa résidence et dans le jardin. Les images des dieux des Portes étaient également collées sur les portes pour les protéger. La veille du Nouvel An et le premier jour de l'année, tous les portraits des défunts empereurs étaient accrochés dans le palais. Avant le banquet, l'empereur leur destinait en offrandes les mets servis avec des encens. La nature du banquet relevait de la décision de l'empereur. C'était le repas le plus prestigieux de l'année car il réunissait l'ensemble de la famille.

En 1680, l'empereur Kangxi décida que le banquet du Nouvel An serait chinois. En 1736, alors que Qianlong présidait pour la première fois au banquet du Nouvel An familial, il décida qu'il serait à la fois mandchou et han. Le banquet avait lieu dans le Palais de la Pureté Céleste. La grande table de l'empereur, décorée de dragons d'or, était dressée au fond de la salle où il présidait. L'empereur avait à sa place une cuillère en or, des baguettes en ivoire, de la vaisselle en or décorée de dragons. Quatre bols de petits-fours salés et sucrés, cuits à la vapeur, imbibés de sirop, étaient disposés à sa gauche. Il y avait aussi un bol de pâtisseries à base de lait, un bol de produits à base de peau de lait. A sa droite, se trouvaient quatre bols de sauces diverses. Sa table de banquet était précédée de huit tables comprenant à la fois des objets décoratifs et des victuailles.

La table n° 1 était composée de deux grands vases, remplis de bouquets de branches de pin, symbole de la jeunesse éternelle, placés à chaque extrémité de la table. Entre les deux vases, cinq grands plats remplis de fruits frais complétaient le décor.

La table n° 2 était garnie de neuf grands plats ovales portant chacun l'inscription d'un caractère de bon augure tel que santé, bonheur, longévité, prospérité.

La table n° 3 était de la même composition que la table n° 2, mais avec des plats ronds.

La table n° 4 était ornée d'une paire de boîtes en laque rouge sculptée, remplies de fruits frais. Quatre assiettes de pâtisseries *gao*, à base de riz glutineux, et des bols en or complétaient la beauté de la disposition.

Les tables n°s 5 à 8 étaient garnies de 40 bols jaunes, de plats froids et chauds.

La table de banquet de l'impératrice était dressée à la gauche de celle de l'empereur. Elle était décorée de vases à fleurs et garnie de 32 bols de mets variés sucrés et salés, et de 4 bols de petits-fours salés et sucrés, cuits à la vapeur, imbibés de sirop.

Les tables de la première concubine et des autres concubines étaient dressées à la droite de celle de l'empereur. Elles étaient garnies chacune de 15 bols de mets variés, sucrés et salés.

La vaisselle de table utilisée par les concubines était différente selon leur hiérarchie : les *guifei* et les *fei* avaient droit à de la porcelaine jaune décorée de dragons verts, les *ping* à de la porcelaine bleue décorée de dragons jaunes, les *guiren* à de la porcelaine verte décorée de dragons mauves, les *chanzi* à de la porcelaine polychrome décorée de dragons écarlates.

Paire de vases en or repoussé avec des anses à tête de dauphin, émaillés bleu lapis, dynastie Qing, cadeau de l'empereur Napoléon III à l'impératrice Eugénie.

Le dîner commençait à 14 heures. Son déroulement suivait un rituel précis. Aux premiers sons de la musique *danbi* (ou musique de cour) joués par l'orchestre, l'empereur entrait dans la salle de banquet et prenait place. Une fois qu'il était installé, la musique s'arrêtait. L'impératrice et les concubines faisaient alors leur entrée et prenaient place sans musique. Le banquet pouvait débuter. Il était composé de quatre services :
– le service des soupes ;
– le service du thé au lait ;
– le service des mets qui accompagnent les alcools ;
– le service des fruits et des douceurs.

L'empereur était servi en premier. Pour le service des soupes, il avait un bol de soupe de nouilles aux œufs entiers (symbole de longévité), un bol de soupe de poulet sauvage (« poulet » est homophone de « faste, bon augure » en chinois), un bol de riz nature (hommage au dieu des Céréales), un bol de lait fermenté (rappel des origines mandchoues). L'impératrice avait un bol de soupe aux nouilles et un bol de riz. Les concubines n'avaient qu'un bol de soupe de nouilles.

Que veut dire cette expression : manger par les oreilles ? Elle signifie simplement ceci : se contenter de mots. On peut servir des mets coûteux et être sûr de bien traiter ses hôtes ; mais en procédant ainsi, on en arrive à ce que ce sont seulement les oreilles qui mangent et non les palais et bouches des convives. Ne sait-on pas qu'un plat de soja bien préparé dépasse, en saveur, de beaucoup des nids d'hirondelles mal cuisinés ! Il en est de même des légumes qui, bien apprêtés, dépassent en saveur les produits de la mer, pourtant si réputés, si ces derniers sont mal préparés.

Yuan Mei.

Raviolis (jiaozi)

Même à la Cité Interdite, le *jiaozi* est l'aliment rituel pour accueillir le Nouvel An. Sa forme de *yuan bao* (lingot d'argent de cinquante onces, d'une forme de demi-lune légèrement bombée au centre) est un présage de fortune. Sa préparation obéit à un rituel très précis. Toute la famille y participe. La pâte et la farce doivent être prêtes à la tombée de la nuit. Les *jiaozi* sont préparés durant le *shou sui*, c'est-à-dire la veille du Nouvel An. Ils doivent être terminés au plus tard avant minuit. Ils sont mangés durant le *zi sui*, c'est-à-dire le moment du passage de l'ancienne à la nouvelle année.

Pour 40 pièces :
Pâte
500 g de farine • 270 g d'eau
Farce
300 g de jambon de porc haché
150 g de chou chinois émincé et dégorgé au sel
1 pincée de cinq épices
2 bouquets de coriandre hachés
2 gousses d'ail hachées
1 cuillère à soupe de sauce de soja brune
1 cuillère à soupe d'huile de sésame
1 œuf
Sauce
4 cuillères à soupe de sauce de soja
1 cuillère à soupe d'huile de sésame
1 cuillère à soupe de vinaigre de riz
2 gousses d'ail hachées • 5 g de poivre

Fabriquez une pâte souple avec la farine et l'eau.
Divisez la pâte en 4 parts. Roulez chaque part en cordon.
Coupez chaque cordon en dix morceaux.
Prenez un morceau de pâte, l'écraser avec la paume de la main, puis l'étaler avec un rouleau pour lui donner une forme ronde.
Mélangez tous les ingrédients de la farce.
Mettez-en l'équivalent d'une cuillère à café dans chaque abaisse de pâte.
Refermez l'abaisse pour former un ravioli.
Cuisez les raviolis à l'eau bouillante pendant 6 minutes après la reprise de l'ébullition.
Servez avec la sauce.

Festivités du Nouvel An,
Ting Kuan-p'en, dynastie Qing.

Le rituel du banquet de Nouvel An sous l'impératrice douairière Cixi

Selon la règle de la cour, le premier jour et le quinzième jour du mois, l'empereur ou son épouse servait l'impératrice à table. Pour une cérémonie aussi importante (le premier jour de l'année), ils servaient tous les deux en même temps. L'impératrice arrivait à sa table mais ne s'asseyait pas. Avec l'empereur et son épouse, elle mettait ses mains paume contre paume sur sa poitrine et saluait d'abord le ciel, puis la terre, l'air grave. Ensuite elle prenait son siège. (…)

L'empereur et son épouse principale, placés de chaque côté de l'impératrice, la servaient, lui tenant la théière, et son épouse la coupe. Les plats se répartissaient en trois catégories : les plats de bonheur qui avaient des noms tels que « vie plus longue que la montagne de Nan Shan », « les vœux exaucés », « la grande unification du pays », etc. C'étaient les cuisiniers qui, pour plaire, avaient eu l'idée de les appeler ainsi. La deuxième catégorie comprenait des plats de tribut provenant de tous les coins du pays : des pattes d'ours, des poitrines de cerf, des crevettes de mer, etc. La troisième catégorie, des plats que les cuisiniers avaient inventés avec les légumes de la saison. Personne n'était plus superstitieux que l'impératrice : c'est pourquoi l'empereur commençait toujours par prendre un plat de souhaits de bonheur, dont son épouse prononçait le nom. D'habitude, c'était le vieil eunuque Zhang Fu qui le faisait. Mais dans une occasion pareille, il se contentait de présenter le mets à l'épouse de l'empereur en lui soufflant son nom à voix basse. Vous savez que l'empereur Guang Xu ne s'entendait pas du tout avec son épouse. Ce jour-là, pourtant, ils collaboraient très bien. C'était la seule occasion de l'année où ils ne se querellaient pas.

Jin Yi, Mémoires d'une dame de cour dans la Cité Interdite.

Le service des fruits et des douceurs clôturait le banquet. Au son de la musique *danbi*, l'empereur faisait alors sa sortie. Les pétards prenaient le relais et saluaient bruyamment la nouvelle année.

Le banquet de mariage

Le mariage d'un empereur régnant s'appelait « grand mariage » (*dahun*). La maison impériale choisissait des femmes aux familles complètes (avec enfants et maris vivants) dans la noblesse et dont l'horoscope coïncidait avec celui de la mariée pour l'accompagner au palais dans son palanquin. Ce palanquin du Phénix (symbole du Yin, de l'impératrice), purifié par les encens tibétains, transportait la mariée dans sa nouvelle demeure. Elle entrait dans son palanquin une pomme à la main (symbole de paix). Des épingles en or avec le caractère « Bonheur » décoraient sa coiffure.

La cérémonie du mariage était célébrée avec le cortège de la grande audience par une pompe supplémentaire. Elle commençait par l'annonce solennelle du mariage aux autels du Ciel, de la Terre, du Sol et des Moissons par le souverain. Une prière était faite devant l'autel des Ancêtres. On se prosternait devant les portraits des empereurs défunts et les autels chamaniques. Le dieu de la Cuisine n'était pas oublié. Il recevait en plus de l'encens. Avant de rejoindre la chambre nuptiale, le couple rendait hommage à l'impératrice douairière dans son palais.

La chambre nuptiale était décorée en rouge, symbole du bonheur. Des grains (symbole de la fertilité) dans de la vaisselle précieuse (*baoping*) et un *ruyi* (talisman qui réalise les désirs) étaient placés aux quatre coins du lit.

Le couple impérial mangeait des *bobos* appelés « fils et petit-fils » (souhait d'une descendance nombreuse) servis dans un plat rond (symbole d'harmonie). Dans la soirée, ils consommaient des nouilles de longévité.

Le menu du mariage était soit han, soit mandchou, ou des deux styles. Le banquet était protocolaire. Les aliments symboliques étaient consommés dans l'intimité par les époux.

Gao aux lentilles rouges (*hong dao gao*)

Cette friandise à base de farine de riz glutineux et de lentilles rouges est consommée au début des chaleurs d'été comme un écho à la nature qui renaît. Le rouge passait déjà à l'époque préhistorique pour la couleur dispensatrice de vie. Certaines fouilles ont fait apparaître qu'on donnait à emporter aux morts du cinabre ou de la sanguine. Le rouge est la couleur de l'été dans la théorie des cinq éléments. Jusqu'au XIXe siècle, les concubines n'avaient pas le droit de mettre une robe rouge. C'est seulement quand la concubine se rendait pour la première fois auprès de son époux qu'elle revêtait une robe rouge.

500 g de lentilles rouges
500 g de sucre
400 g de farine de riz glutineux
1,5 l et 0,5 l d'eau
20 cl d'huile

Faites cuire les lentilles dans 1,5 litre d'eau. Réduisez le feu dès ébullition.
Ajoutez en fin de cuisson le sucre et l'huile.
Délayez la farine de riz glutineux avec 0,5 litre d'eau.
Mélangez intimement les lentilles et la pâte de farine de riz glutineux.
Débarrassez le mélange obtenu dans un plat carré et huilé de 25 cm de côté.
Faites cuire à la vapeur pendant une heure.
Coupez des tranches et servez.

Le banquet d'anniversaire

Les banquets les plus somptueux, tant par la qualité des mets que par le nombre de convives, étaient sans aucun doute les banquets d'anniversaire ou « de vieillards ». Pour fêter ses 60 ans, Kangxi organisa le premier banquet de longévité en mars 1713. Des personnes âgées de plus de 65 ans de tout l'empire, toutes classes sociales confondues, furent invitées à ces agapes. Elles étaient 2 800. Qianlong prit la relève en organisant un banquet de longévité de 3 000 personnes en janvier 1785. Cette fois, l'âge des invités était de 60 ans. Il fêtait ses petits-enfants, symboles de la continuité de l'empire. Qianlong organisa son dernier banquet de longévité en janvier 1796. Il y avait 5 500 invités. Ce jour-là, il passa le trône symboliquement à Jiaqing.

Nouilles de longévité (*chang shou mian*)

Les nouilles en Chine sont un symbole de longévité. Leur présence est obligatoire pour les anniversaires. Les banquets de longévité de la cour n'échappaient pas à cette règle. En chinois, seules les nouilles préparées avec de la farine de blé sont appelées *mian*. Celles qui sont préparées avec de la farine de riz sont appelées *fen*. Pour obtenir une consistance « al dente » (*danya*, élastique à la dent), la méthode de cuisson « passer la rivière froide » (*gulenghuo*) doit être appliquée. Cette recette de nouilles est proposée dans sa plus simple expression.

900 g de nouilles fraîches
1,5 l de bouillon de poulet
2 bottes de coriandre hachées
3 cuillères à soupe d'huile de sésame
sauce de soja
huile d'arachide

Portez 2 litres d'eau à ébullition avec 2 cuillères à soupe d'huile.
Faites cuire les nouilles dans cette première eau pendant 5 minutes.
Retirez les nouilles et passez-les à l'eau froide (« passer la rivière froide »).
Réchauffez le bouillon de poulet.
Portez à nouveau 2 litres d'eau à ébullition avec 2 cuillères à soupe d'huile.
Terminez la cuisson des nouilles dans cette dernière eau.
Décantez les nouilles, mouillez-les du bouillon de poulet chaud et disposez-les dans de grands bols.
Arrosez d'huile de sésame et parsemez de coriandre hachée.
Servez la sauce de soja à part.

Assiette du service d'anniversaire de l'empereur Kangxi.

Les invités étaient naturellement issus pour la majorité des nobles et des personnes fortunées dont Qianlong voulait gagner la faveur et se ménager les bonnes grâces. Leur grand nombre révèle l'état de paix sociale et la solidité du pouvoir politique. A l'issue du banquet, chacun reçut un cadeau : sceptres du bonheur (*ruyi*), cannes de longévité…

Selon les coutumes, les princes et les ministres devaient apporter un tribut à l'empereur ou à l'impératrice douairière à l'occasion de leur anniversaire. Ces cadeaux allaient grossir leur fortune personnelle. Pour la célébration des 80 ans de Qianlong, une route d'une vingtaine de *li* fut ornée d'arcades magnifiques, de la porte de la Splendeur de l'Ouest jusqu'au Palais du Jardin de la Clarté Parfaite. Quand Qianlong se rendit à la Cité Interdite, accompagné d'une riche escorte composée de la garde d'honneur et d'un orchestre exécutant des morceaux joyeux, ses sujets lui faisaient une haie d'honneur à genoux. Le jour de l'anniversaire, il reçut d'abord les congratulations des dignitaires dans la Salle de l'Harmonie Suprême et ensuite les félicitations des membres de la famille impériale dans le Palais de la Pureté Céleste. Au cours du grand banquet offert dans ce palais, quatre générations d'enfants de la famille impériale dansaient le cœur en joie, souhaitant une longue vie à leur patriarche, ce qui est un phénomène sans précédent dans l'histoire de Chine.

Le menu servi en 1785 était une fondue mandchoue et 1 550 appareils à fondue furent installés dans la Palais de la Pureté Céleste. Chaque table était dressée pour deux personnes.

Pour la fondue de première classe, chaque table était dotée de deux appareils à fondue en argent avec les mets suivants :

Une assiette de viande de porc émincée crue
Une assiette de cuisse de mouton émincée crue
Un plat de mijoté de viande et de queue de cerf
Une assiette de cuisse de mouton rôtie
Quatre bols de légumes de saison
Une assiette de « *bobos* marqués du caractère longévité », cuits à la vapeur
Une assiette de « *bobos* marqués du caractère longévité », cuits au four
Une assiette de légumes marinés
Une assiette de racines de benjoin à feuilles trinervées
Une soupe d'émincé de viande de cerf

Le choix d'une fondue mandchoue permettait aux convives de manger chaud. Ce n'était guère le cas des autres banquets, malgré une armée d'eunuques avec des plats maintenus au chaud dans les offices provisoires installés près du lieu des agapes.

Vus d'aujourd'hui, ces festins officiels paraîtraient plutôt une corvée, aussi bien pour les convives que pour leur hôte. La motivation première n'était pas la gastronomie. Etre invité à la table de l'empereur, c'était entrer dans le monde du sacré. Le signe de cette distinction importante accompagnait les convives, une fois sortis des murs du palais, et il avait une valeur inestimable. Qianlong, pour égayer ces repas officiels, n'hésitait pas à les faire accompagner de musiques, de danses, de chants et de spectacles. Le summum des spectacles était les représentations des pièces d'opéra. On jouait ainsi cinq jours de suite pour l'anniversaire de l'empereur !

Fondue mongole (*Beijing xiyang rou*)

C'est le plat d'hiver incontournable de Pékin, avec une histoire de plus de mille ans. Il a été introduit et démocratisé par les Mongols sous la dynastie des Yuan (1271-1368). Cette spécialité n'était pas inconnue des Chinois : la cuisson de fines lanières de viande directement à table date de la période des dynasties du Nord et du Sud (420-550), avec l'apparition de l'appareil à fondue. Cependant, même aujourd'hui, le mouton n'est réellement apprécié en Chine que dans les provinces autonomes de l'Ouest.

900 g de viande de mouton tendre
1/4 l de vin de Shaoxing
500 g d'épinards
500 g de chou chinois
200 g de vermicelle de riz
appareil à fondue
Sauces et condiments
50 g de sauce de soja
50 g de pâte de sésame
50 g d'huile de piment
50 g de fromage de soja fermenté
1 botte de coriandre hachée
1 botte de ciboulette ciselée

Tranchez le plus finement possible la viande de mouton. Disposez joliment les lanières dans les plats de service.
Lavez les légumes. Coupez le chou en lanières de 5 cm de long. Mettez-les, ainsi que les épinards, dans des plats de service.
Disposez les vermicelles dans un autre plat.
Posez l'appareil à fondue rempli d'eau avec le vin sur la table. Entourez-le avec les plats remplis d'ingrédients, les coupelles de sauces et de condiments.
Portez à ébullition le bouillon. Chaque convive trempe la viande ou les légumes ou les vermicelles dans le bouillon pour une cuisson rapide, avant de les accompagner de sauces et de condiments.

Cavalier mongol.

Rouleau intitulé « Qingeng-Tu » :
le premier sillon ouvert par l'empereur
en personne, règne de Yongzheng, XVIIIᵉ siècle.

LES GRANDES CÉRÉMONIES RITUELLES ET LES SACRIFICES D'ÉTAT LIÉS À L'ALIMENTATION

Les rites et les cérémonies qui réglaient à la Cité Interdite les relations de l'empereur avec sa maison, la cour et l'administration s'étendaient à ses rapports avec le Ciel et le monde des esprits. Pour exalter la légitimité sacrée de sa fonction de Fils du Ciel, une part importante de ces rapports était constituée de sacrifices d'Etat (*guojia zhusi*) : cultes accompagnés d'offrandes, de libations, de prières et de sacrifices d'animaux. Les aliments jouaient un rôle important dans l'accomplissement de ces rites. Le détail de chaque vaisselle, son contenu, son nombre et son emplacement sur les tables étaient codifiés. Les sacrifices d'Etat comportaient une liste de 78 cérémonies réparties en trois classes et toutes exécutées en dehors de la Cité Interdite. La première classe correspondait aux sacrifices faits pour le Maître suprême du Ciel, l'Esprit suprême de la Terre, celui du territoire de l'empire et des céréales, les empereurs et les impératrices défunts de la présente dynastie. La deuxième classe correspondait aux sacrifices au soleil, à la lune, à l'inventeur de l'agriculture, aux bons souverains des dynasties précédentes, à Confucius. Les sacrifices de la troisième classe étaient offerts au dieu du Feu (dieu aussi de la Cuisine), aux génies tutélaires des villes, aux dragons, à des médecins et hommes illustres.

Le sacrifice au Ciel

Le sacrifice le plus important était celui fait au Ciel. C'était le plus spectaculaire. Chaque année, cette cérémonie avait lieu au solstice d'hiver et le souverain rendait compte de son mandat au Ciel pour renouveler sa légitimité. Trois jours avant la cérémonie, l'empereur observait l'abstinence sexuelle. Il jeûnait pendant une journée au « palais de jeûne » (*zhaigong*) dans la Cité Interdite. Le jeûne comportait l'abstinence de viande, d'alcool, des mets à forte saveur, notamment l'ail et l'oignon. Il se rendait la veille au temple du Ciel, dans un char de jade. Le jour du sacrifice, il était conduit à l'autel circulaire pour accomplir une série de rites aux sons de la musique de danse.

Le sacrifice à la Terre

La politique de tous les maîtres de la Chine a toujours mis l'accent sur l'agriculture, nécessaire pour nourrir le peuple. Chaque année, au printemps, Qianlong se rendait au temple de l'Agriculture par un jour faste pour vénérer le dieu de l'Agriculture et lui faire des offrandes d'encens. Après ce tête-à-tête, il se rendait sur le champ rituel pour labourer la terre. Sa main gauche tenait un fouet. Sa main droite tenait la charrue attelée à un bœuf, tiré par deux vieux dignitaires de la cour. Il se contentait de labourer trois rangs, suivi du gouverneur de Pékin qui portait la boîte de graines et du ministre des Finances qui semait, au son de la musique et au milieu de drapeaux multicolores. Un vieux paysan fermait la marche, couvrant les graines semées. Puis venait le tour des princes et des ministres. L'empereur les regardait travailler depuis une terrasse où il était assis sur un trône. Selon les règles, un prince labourait cinq rangées alors que les mandarins du premier au neuvième grade en labouraient neuf.

Après la cérémonie, on sacrifiait un porc qu'on faisait bouillir dans la cuisine attenante. L'empereur invitait certains princes et dignitaires à venir consommer le porc bouilli accompagné de galettes de millet glutineux. Etre invité à consommer cette viande était considéré comme une faveur insigne, à défaut sans doute d'être un délice gastronomique.

Le sacrifice du cochon

Pour bénéficier de la faveur des autres dieux, on sacrifiait également deux cochons par jour dans le Palais de la Tranquillité Terrestre (*Kunninggong*). On faisait cuire leur viande au son d'instruments, avant de la distribuer aux ministres et aux gardes du corps. Le sacrifice du matin était en l'honneur de Shakyamuni, du Grand Bouddha de la Miséricorde et de saint Guan Gong. Celui du soir était à l'intention de Mulihan, le dieu peint, et du Dieu mongol. Pour bénéficier de la protection des ancêtres impériaux, 18 bœufs noirs et 20 porcs et moutons étaient égorgés. Les viandes finissaient en cuisson dans le Palais de la Tranquillité Terrestre.

Viande du bonheur (*fu rou*)

C'est la recette des deux cochons sacrifiés quotidiennement dans le Palais de la Tranquillité Terrestre pour bénéficier de la faveur des dieux. Les porcs étaient cuits entiers et nature dans de grands *ding*. L'empereur Qianlong présidait à ce rituel une fois l'an au printemps, après s'être recueilli dans le temple de l'Agriculture.

1,5 kg de porc entrelardé sans couenne
5 g de ciboulette
5 g de gingembre
50 g de vin de Shaoxing
50 g de sel
100 g de sauce de soja

Regroupez la viande de porc, la ciboulette et le gingembre dans une marmite.
Remplissez d'eau à hauteur de la viande.
Couvrez.
Après ébullition, faites pocher à feu doux pendant 1 heure 30.
Après cuisson, ajoutez le vin de Shaoxing.
Laissez refroidir.
Décantez les morceaux de porc.
Emincez en fines tranches.
Servez accompagné de sel ou de sauce de soja.

Le premier et le quinzième jour du mois, notre palais organisait une cérémonie destinée à attirer sur lui le bonheur et la richesse et à en expulser les puissances malfaisantes et les maladies. (...)

Deux chamanesses, vêtues de longues robes à motifs floraux, avec de grands pendants d'oreilles et des chaussures brodées à semelles très épaisses, présidaient au rituel, qui était toujours le même : au centre de la pièce, la première commençait à pincer les trois cordes de la guitare, cependant que la seconde, qui s'était accroché les clochettes sur la hanche, secouait le tambour d'une main, et de l'autre la paire de cliquettes. (...)

A la fin de leur danse qui ressemblait à une transe, elles criaient d'apporter les sacrifices, et, de l'extérieur, des serviteurs apportaient deux cochons égorgés. Lors, les chamanesses récitaient des prières en langue mandchoue, puis elles versaient l'alcool de riz dans les oreilles des deux bêtes en disant : « Que les dieux daignent accepter ce sacrifice. » Enfin, les cuisiniers entraient. Avec le couteau à longue lame, ils fendaient les cochons en deux, en commençant par la tête, et les quatre moitiés étaient cuites sur place, dans d'immenses chaudrons sacrés. La cérémonie proprement dite était terminée. Quelques heures après, lorsque les cochons étaient cuits, les cuisiniers en découpaient les meilleurs morceaux et les hachaient jusqu'à obtenir une sorte de purée qui était offerte à chaque statue. Les serviteurs pouvaient alors se partager les restes, mais le règlement interdisait formellement de sortir la viande du palais. On devait la consommer sur place et veiller tout le long du repas à ne prononcer aucun des mots tabous ayant trait à la mort ou aux funérailles. En fait, aucune de ces consignes n'était respectée et la plupart du temps, les chefs eunuques se hâtaient de récupérer la viande pour la vendre à certains restaurateurs de la ville et se partager le bénéfice. Une viande sacrificielle venant de la Cité Interdite s'arrachait à prix d'or, et comme la cérémonie avait lieu tous les quinze jours, c'était un gain non négligeable.

— Le feu est allumé sous les chaudrons depuis que le fondateur de notre dynastie s'est rendu maître de l'empire, me dit un jour maître Diba d'un air tellement espiègle que je ne sus si je devais le croire. Depuis deux cent cinquante ans, c'est dans le même jus que la viande est cuite, et c'est cela qui la rend si bonne.

Pour me prouver ce qu'il affirmait, il m'offrit d'en goûter un petit morceau arrosé d'un filet de sauce. Je lui trouvai une saveur succulente ; Diba, cependant, n'en mangeait jamais. Comme tous les chefs de palais, il disposait de sa cuisine personnelle. Cinquante taels d'argent lui étaient alloués par mois pour sa nourriture, et cette somme lui permettait de s'offrir quotidiennement des mets bien supérieurs à ce qui n'était qu'un vulgaire bout de cochon, malgré sa sauce bicentenaire. Pour la même raison, ses pairs dédaignaient tout autant que lui ce banquet de gueux et préféraient le vendre à des restaurants chics où des clients fortunés payaient des sommes extravagantes pour se donner l'illusion qu'ils mangeaient comme l'empereur.

Dan Shi, *Mémoires d'un eunuque dans la Cité Interdite.*

Le sacrifice à la pluie

Ce rituel remonte à la lointaine dynastie des Shang (1600 av. J.-C.-1100 apr. J.-C.). Une bonne pluie était nécessaire pour assurer une riche récolte des fruits de la terre, surtout dans les régions du Nord de la Chine où les famines sévissaient régulièrement. De ce fait, Qianlong se tenait informé de la pluviométrie de Pékin même durant ses absences de la capitale. Ce sacrifice avait lieu le quatrième mois lunaire (*meng chun*) au temple du Ciel, ou du Sol, ou du Dragon Noir, avec deux niveaux de cérémonie : le *changyu* (pluies régulières) pour la célébration normale et le *dayu* (grosses pluies) en temps de sécheresse. Selon les archives, le Ciel répondait fréquemment aux prières des empereurs. En 1657, la pluie se mit à tomber avant même le retour de l'empereur à la Cité Interdite. En 1660, les nuages se rassemblèrent après la cérémonie et il plut des trombes d'eau durant trois jours.

La nature fut cependant fort capricieuse envers Qianlong lors de la sécheresse de 1759. Quand il pria le *changyu* le 3 mai, aucune pluie ne vint. Le 7 mai, il ordonna au bureau de la Justice de vérifier si les procédures de jugement des criminels étaient bien respectées. Le Ciel aurait pu prendre ombrage d'une « injustice ». Le 6 juin, il retourna au temple du Dragon Noir et ordonna de réciter les mêmes soutras dans tous les édifices religieux de Pékin. Le 16 juin, il revêtit le chapeau de pluie et des habits simples (*sufu*) pour montrer sa contrition au Ciel. Il pensait que la sécheresse était une punition du Ciel pour le manque de vertu de son gouvernement. La sécheresse persista malgré un nouveau sacrifice à la Terre fait le 22 juin. L'empereur donna l'ordre d'alléger les punitions et les condamnations des criminels. Finalement, le 30 juin, il appliqua le rituel du *dayu* et entra dans une période d'abstinence et de recueillement. Le 5 juillet, la pluie se mit enfin à tomber !

Les rituels religieux

Le premier et le quinzième jour de chaque mois, les palais organisaient une cérémonie destinée à attirer bonheur et richesse. Pour cela, on expulsait les *xie*, puissances malfaisantes et maladies, avec les alcools fournis par les cuisines impériales dont on arrosait tous les coins de la demeure. Les croyances chamaniques, comme la « danse devant les esprits », apportées jadis de Mandchourie, étaient exécutées également au début de chaque saison. Elles prenaient place dans le Palais de la Tranquillité Terrestre pour honorer les esprits des fondateurs de la dynastie mandchoue. Au milieu des objets rituels (clochettes de cuivre, pipa, guitare à trois cordes, tambour, claquettes, long couteau, flèches et vases d'alcool), neuf soucoupes contenant des *bobos* étaient placées devant chaque dieu avec des offrandes d'or, d'argent, de satin et de vin.

Beignets de crevettes en forme de pipa
(*pipa da xia*)

Ce plat est inspiré de la forme de l'instrument de musique à cordes appelé pipa, utilisé également dans la musique de cour.

9 gambas
1 blanc d'œuf battu
100 g de maïzena
9 coquetiers en porcelaine
Hachis de crevettes
300 g de crevettes décortiquées et hachées
100 g de filet de porc haché
50 g de châtaignes d'eau coupées en petits dés
1 botte de ciboulette ciselée
2 blancs d'œuf
40 g de maïzena
10 g de sel

Mélangez intimement tous les ingrédients du hachis de crevettes.
Répartissez la farce dans 9 coquetiers.
Enfoncez dans chaque coquetier une gambas en ne laissant dépasser que le bout de sa queue.
Cuisez-les à la vapeur pendant 30 minutes.
Les démouler.
Avant de servir, passez les crevettes en forme de pipa dans le blanc d'œuf et la maïzena.
Faites-les dorer à la friture.
Servez avec une sauce de soja claire ou avec de la sauce aux prunes.

A gauche : Deux cloches en bronze ciselé et doré, 1744.
A droite : Brûle-parfum en bronze à couvercle ciselé, 1430.

L'activité religieuse de la famille impériale était très cosmopolite et syncrétique : croyances chamaniques, mandchoues, cultes confucéens ou bouddhistes. Les rituels suivaient les usages chinois, mais les offrandes de pâtisseries en *bobos* et en viande de porc bouillie étaient une particularité mandchoue. Les garnitures d'autel, quelle que soit l'orientation du culte, étaient composées de cinq éléments inspirés des bronzes archaïques : un brûle-parfum central, inspiré des tripodes *ding*, deux vases à fleurs à l'ouverture évasée en cornet, deux coupes de libations et deux chandeliers, toujours disposés de manière symétrique.

La « cérémonie du thé »

L'étiquette était si complexe que le ministère des Rites ou le bureau des Cérémonies de la Maison impériale faisait toujours circuler un mémoire rappelant tous les détails protocolaires, garants de la bonne application des rites et du succès des sacrifices. Le décorum était placé sous la responsabilité des officiers de la garde d'honneur. Ces cortèges, appelés *lubu*, firent leur apparition sous la dynastie des Han. Ils représentaient les insignes impériaux de majesté : armes, chevaux, éléphants, chars d'apparat, chaises à porteurs dites d'or ou de jade, palanquins,

*La fraîcheur du goût du plat préparé se manifeste
juste au moment où on le retire de la casserole
et il faut le manger tout de suite ; sinon,
il en sera comme des vêtements défraîchis qui,
quoique du plus beau satin ou de belle soie,
ont leur couleur déteinte
et pas du tout agréable à voir.*

Yuan Mei.

Théière, décor dit « graviata »,
porcelaine, dynastie Qing.

oriflammes, parasols, éventails, vases, brûle-parfums, trépieds, objets en or ou en bronze doré. Ce décorum fut surtout en vogue sous les dynasties Tang et Song.

Sous les Qing, on distinguait quatre catégories de *lubu* :
– le grand cortège, *dajialubu*, composé au moins de 660 hommes, utilisé pour les trois grands sacrifices : invocation, prière pour une bonne récolte, prière pour la pluie ;
– le cortège de cour, *fajialubu*, composé d'au moins 560 hommes, utilisé pour les audiences de la cour, l'anniversaire de l'empereur et les banquets officiels ;
– le cortège de ville, *luanjialubu*, composé de 104 hommes, utilisé pour les inspections de l'empereur dans la Cité Interdite ;
– le cortège de campagne, *qijialubu*, composé de 152 hommes, utilisé pour les tournées en province.

La musique jouait un rôle important et rythmait les événements. Les instruments des orchestres étaient fabriqués dans huit matières : métal, pierre, soie, bambou, calebasse, poterie, bois et cuir, qui donnaient « huit sons ». Les airs joués étaient des mélodies gracieuses de l'ancienne cour pour assurer l'harmonie dans le cœur des hommes. La musique était le lien nécessaire entre le Ciel et la Terre.

Le cortège de cour de la grande audience (*da chao*, littéralement « grande cour ») rassemblait trois fois par an (au nouvel an lunaire, à l'anniversaire de l'empereur, au solstice d'hiver) les princes, ministres et dignitaires civils et militaires de la capitale dans la cour devant la salle du trône de la Salle de l'Harmonie Suprême, pour présenter leurs félicitations aux souverains, sous la conduite protocolaire d'une centaine de fonctionnaires. Ce cérémonial prit sa forme définitive sous Kangxi. C'était la cérémonie de thé la plus prestigieuse de tout l'empire, réservée à quelques rares élus par l'empereur.

Le spectacle commençait avant l'aube. Les insignes impériaux de majesté (*lubu*) étaient mis en place le long de l'allée conduisant à la Porte du Midi. Le devant de la Porte du Midi (*Wumen*) était décoré de deux chaises de 36 porteurs, dites d'or et de jade. Devant la Porte de l'Harmonie Suprême et au-delà, sur deux rangs de part et d'autre de l'allée centrale de la cour, prenaient place des palanquins, des porteurs d'oriflammes, de parasols, d'éventails. En bas de la terrasse de la salle du trône, il y avait des vases, des brûle-parfums, des trépieds et toutes sortes d'objets en or et bronze doré. L'orchestre jouait la musique dite *zhongheshao*, qu'on disait conforme à celle du mythique empereur Shun, avec l'instrument aux douze clochettes dorées, celui aux douze morceaux de jade, celui en forme de tigre, des tambours, des sortes de guitares à sept, treize et vingt-cinq cordes, des flûtes, des orgues de bouche (*sheng*). Il était installé sous le porche de la salle du trône, à droite et à gauche. A l'intérieur, on jouait la musique *danbi* (musique de cour) avec des tambours, des flûtes, des instruments à plaquettes en métal.

A l'aube, les participants en costume de cour s'assemblaient à la Porte du Midi, ouverte en cette occasion ainsi que celle de la Paix Céleste (Tiananmen). Après des prosternations, ils gagnaient leur place en fonction de leur rang : les princes, à droite et à gauche sur les gradins conduisant à la salle du trône ; les mandarins, dans la cour derrière les insignes impériaux disposés au pied des marches, en neuf lignes perpendiculaires à l'allée centrale, les fonctionnaires civils à l'est de celle-ci, les fonctionnaires militaires à l'ouest, avec derrière eux les envoyés des nations tributaires, telles que la Corée, le Viêtnam ou la Birmanie. Ils attendaient debout. La cloche et le tambour résonnaient alors au-dessus de la Porte du Midi, marquant le début du rite.

Porté en grand palanquin, entouré par les dignitaires du ministère des Rites et la garde armée de lances ornées de queues de léopard, l'empereur arrivait de la Cour Intérieure, son quartier privé, pour passer dans la Cour Extérieure. Il entrait d'abord dans la Salle de l'Harmonie

préservée par l'arrière et s'asseyait sur le trône pour recevoir l'hommage des officiants. Accompagné de la musique de Shun qui entonnait l'hymne consacré et des mandarins du bureau de la Musique, l'empereur gagnait alors la Salle de l'Harmonie Suprême par-derrière et s'asseyait sur le trône.

Pendant ce temps, dans la cour, sur l'ordre des maîtres de cérémonie, les mandarins s'étaient avancés et alignés en 18 rangées, correspondant au degré inférieur et supérieur de chacun des neuf rangs de mandarinat, selon des repères marqués au sol, alors que la haie centrale des porte-oriflammes se rangeait sur le pourtour de la cour. Le silence se faisait.

Un maître de cérémonie frappait trois coups de fouet au sol. Tous s'agenouillaient. Le héraut et deux grands secrétaires s'avançaient au pied du trône pour présenter, en s'agenouillant, « l'adresse de félicitations ». Un héraut lisait à haute voix l'hommage, qu'il déposait ensuite sur la table couverte de soie jaune devant le trône. On jouait alors la musique *danbi*, cependant que l'assemblée exécutait deux fois de suite, au commandement des maîtres de cérémonie, le salut le plus solennel, qui consiste à s'agenouiller trois fois et à toucher neuf fois la terre de son front (trois fois à chaque agenouillement), en s'arc-boutant sur ses deux poings au sol. La musique cessait et chacun reprenait sa place debout.

Les envoyés étrangers des Etats vassaux devaient faire une prosternation supplémentaire. Mis en évidence par les maîtres de cérémonie qui les faisaient avancer devant le trône, ils exécutaient le salut solennel tandis que la musique reprenait. Puis, ils se relevaient lorsqu'elle cessait. L'empereur invitait alors les princes, les mandarins des trois premiers rangs civils et des deux premiers rangs militaires, ainsi que les envoyés étrangers, à venir « s'asseoir » (en fait s'agenouiller sur des coussins) dans la salle du trône et leur offrait du thé. Avant de prendre place, puis de boire, ils se prosternaient encore trois fois.

Trois coups de fouet annonçaient la fin de la cérémonie. La musique de Shun reprenait pendant que l'empereur quittait la salle pour regagner ses appartements. Au silence revenu, l'assistance se retirait en bon ordre.

Le thé offert aux dignitaires fut supprimé à compter de 1797. Il ne s'agissait même pas du thé au lait mandchou ! Le film *Le Dernier Empereur* donne une idée de ces grandes cérémonies colorées à l'ordonnance très militaire.

Ci-dessus : figure éminente de la Compagnie de Jésus en mission en Chine : Matteo Ricci (1552-1610).
Pages 112-113 : l'empereur Qianlong recevant les envoyés du roi d'Angleterre George III à Jehol. La rencontre a lieu dans la grande yourte, rappel du passé nomade des Mandchous. Les Anglais sont alignés sur le côté gauche ; l'empereur arrive en palanquin, précédé d'un double parasol jaune, symbole de la puissance impériale.
De hauts fonctionnaires l'accompagnent.
Ils se distinguent par la plume de paon de leur coiffe.

SOUVENIRS DES RARES INVITÉS ÉTRANGERS À LA TABLE DE L'EMPEREUR

La dynastie des Qing est le seul régime impérial avec lequel les Européens aient entretenu des relations intenses et suivies. Il y eut d'abord les missions catholiques aux XVIIe et XVIIIe siècles, puis les relations diplomatiques, commerciales, religieuses et touristiques. L'acceptation par les étrangers du protocole de la cour comme de la prosternation devant l'empereur était une des conditions de leur séjour. Le détail de ces cérémonials revint relaté en Europe.

Les activités des missionnaires de l'Eglise catholique commencèrent en 1583 quand l'Italien Matteo Ricci se mit à la tâche à Zhaoqing, province du Guangdong. A partir de cette date et jusqu'en 1775, le travail des missionnaires en Chine fut pratiquement monopolisé par la Compagnie de Jésus. Ces missionnaires s'occupaient essentiellement de géographie et de l'établissement du calendrier.

En attendant d'être invité à la table de l'empereur, Matteo Ricci fut émerveillé par la découverte des fruits exotiques lors de son arrivée à Canton. Dans ses mémoires, il décrivait ainsi les litchis et les longanes :

Dans le jardin, parmi tous les fruits des Indes que j'ai décrits ailleurs, certains étaient propres à cette région de Canton et particulièrement abondants. C'est le cas des litchis et des longanes. Les litchis sont gros comme des prunes, en forme de cœur. Pourtant, une fois leur écorce enlevée, ce qui, vu sa finesse, se fait avec facilité, il reste la chair qui ressemble à une perle par sa couleur. Le fruit contient un noyau que l'on jette. On mange seulement la chair qui est assez agréable à la vue et davantage au palais.

Les longanes (longyan) c'est-à-dire les yeux de dragon ressemblent aux noix par leurs forme, couleur et dimensions mais toutes rondes. La pulpe est cependant salutaire et suave autour du noyau qui est gros. C'est pourquoi, pour rassasier un homme, il faudrait une grande quantité de fruits.

Ces deux fruits se mangent verts et secs. Ils se font sécher comme on fait avec les raisins secs. Comme on en trouve une grande abondance, ils se vendent dans tout le royaume.

Il arriva à Pékin le 6 février 1711 et y séjourna jusqu'au 15 novembre 1723. Reçu à son arrivée par l'empereur Kangxi, il eut le privilège d'être honoré par l'empereur qui le gratifia des mets de sa table impériale. C'était la première fois que des missionnaires et des étrangers goûtaient aux préparations du service de bouche de l'empereur.

Quand nous fûmes arrivés, vint le premier eunuque de la suite impériale, c'est-à-dire de ceux dont l'empereur se prévaut pour son service immédiat. Il nous fit asseoir sur ces coussins dont se servent les Tartares qui ne s'assoient ni comme nous, ni comme les Chinois sur des chaises mais restent les jambes croisées après s'être assis.

Une fois assis, l'eunuque et les mandarins étant debout, on nous amena un grand récipient plein de viandes et un autre de poisson et d'herbes cuites, ainsi que d'autres choses, en nous avisant que le tout nous était envoyé par le Wansui (ce qui signifie dix mille années de vie, titre que l'on donne à ce monarque et qui correspond à Sa « Majesté Impériale »), et que c'étaient des mets pris sur sa propre table. C'est pour cela qu'ils nous ordonnèrent de nous mettre à genoux, comme on fait immanquablement chaque fois que Sa Majesté donne quelque chose, et c'est donc en tenant les deux plats de nos mains que nous dûmes les élever en signe de révérence, et puis faire le kow-tow, c'est-à-dire incliner la tête en signe d'action de grâce en raison de la grande faveur que Sa Majesté

nous a faite d'avoir daigné nous envoyer ces aliments. Ensuite, nous étant à nouveau assis, nous avons laissé la viande en disant qu'elle nous était interdite par notre Sainte Foi, en ce jour de vendredi.

L'ambassadeur hollandais Van Braan fut reçu par Qianlong, le 31 janvier 1795, au Palais du Jardin de la Clarté Parfaite, sur le champ d'exercices :

Sa Majesté arriva peu après le lever du soleil, dans un palanquin porté par quatre mandarins à boutons d'or. Il en descendit sous la tente jaune et se rendit à pied à son fauteuil. Aussitôt qu'il y fut assis, tous les assistants accomplirent le « salut d'honneur ». Les envoyés occupèrent des coussins placés sur un tapis, sous la tente jaune devant celle de l'empereur. Ils avaient devant eux de petites tables de déjeuner, comme pour les fêtes précédentes.

Quand la table de l'empereur fut servie, les petites tables furent à leur tour garnies, chacune de cinquante plats, comme le 20 de ce mois. Je m'aperçus que les hôtes se jetaient dessus avec beaucoup d'énergie et d'appétit, tandis que nous nous contentions d'un peu de fruits, tout en observant le reste de la compagnie. Sa Majesté de nouveau nous envoya un plat de sa table et, peu après, un plat de lait de fèves (probablement un lait de soja) fut présenté à chacun des hôtes.

Le déjeuner de l'empereur terminé, nous allâmes avec les trois ambassadeurs coréens, pour répéter, comme dans les occasions précédentes, le salut d'honneur, devant le trône, tête couverte. Sa Majesté elle-même nous présenta alors un bol de vin chinois dont le goût m'enchanta. Il demanda à l'ambassadeur s'il ne souffrait pas trop du froid et s'enquit de moi, demandant si, dans mon existence, j'avais déjà assisté à une telle cérémonie. Dès que l'interprète lui eut traduit nos réponses, nous retournâmes à nos places.

Durant ce temps, l'orchestre exécutait plusieurs morceaux de musique, des jeux d'adresse et de force étaient présentés et, à quelque distance, on jouait une pièce.

Pour avoir refusé d'exécuter le « salut d'honneur » devant Qianlong, l'ambassadeur d'Angleterre, Lord Macartney, envoyé par le roi George III dans le but d'améliorer les relations commerciales, échoua dans sa mission. En 1816, une autre ambassade, menée par Lord Amherst, échoua à nouveau pour les mêmes raisons. Qianlong écrivit à George III : « Si vous acceptez loyalement notre souveraineté et vous montrez soumis, il n'est pas nécessaire d'envoyer une mission à notre cour chaque année pour prouver que vous êtes véritablement notre vassal. »

disant qu'elle nous était interdite par notre Sainte Foi, en ce [...]

Sa Majesté arriva peu après le lever du soleil, dans un palanquin porté par quatre mandarins à boutons d'or. Il en descen[...]

[...] avec beaucoup d'énergie et d'appétit, tandis que nous nous [...]

[...] musique, des jeux d'adresse et de force étaient présentés et, à [...]

Pour avoir refusé d'exécuter le « salut d'honneur » devant [...] envoyé par le roi George III dans le but d'améliorer les [...] d'envoyer une mission à notre cour chaque année pour prouver que vous êtes véritablement notre vassal. »

Petits pains de maïs (*xiao wodou*)

En 1900, pour riposter contre les Boxers qui assassinaient les missionnaires étrangers et les Chinois convertis, l'amiral britannique Edward Seymour reçut l'ordre d'attaquer Pékin avec une troupe de deux mille hommes. Pékin était à feu et à sang. Pour se mettre en sécurité, l'impératrice Cixi et sa cour s'enfuyaient de la Cité Interdite le 14 août pour se rendre à Xian. Affamés sur la route, ils réquisitionnaient toutes les nourritures rencontrées. Parmi celles-ci, ils mangèrent des petits pains de maïs, *wodou*, aliment plus que populaire. Il s'agit d'un pain fait à base de farine de maïs et d'eau, cuit à la vapeur. A son retour à la Cité Interdite, Cixi exigea des cuisines impériales la présence de *wodou* sur sa table. Les cuisiniers améliorèrent la recette et la présentation en « petits-fours » dignes de la table de l'impératrice. Il s'agit d'une des nombreuses recettes populaires introduites à la cour. Le maïs, plante occidentale arrivée en Chine sous les Ming, commençait à être intégré dans les pratiques alimentaires. Ces *wodou* sont aujourd'hui encore servis dans le restaurant impérial Fangshan de Beihai à Pékin.

400 g de farine de maïs
100 g de farine de soja
5 g de bicarbonate de soude
150 g de sucre blanc
300 g d'eau

Mélangez ensemble la farine de maïs, de soja, le bicarbonate de soude et le sucre.
Formez une pâte souple en ajoutant petit à petit l'eau tiède.
Divisez la pâte obtenue en neuf pièces.
Prenez une pièce de pâte, formez une boule.
Avec le pouce, pressez le centre de manière à former un nid.
Répétez la même opération pour les pièces de pâte restantes.
Cuisez les *wodou* à la vapeur pendant 45 minutes.

Les relations des étrangers avec la Chine de cette époque étaient purement religieuses ou commerciales. Il n'y eut pas d'influences culinaires réciproques. C'était la rencontre culturelle de deux mondes différents. En général, les étrangers restèrent hermétiques à la cuisine chinoise et mandchoue. Les boissons alcoolisées étaient le seul terrain d'initiation acceptable. Il semblerait que de son côté, l'empereur Qianlong ait goûté à la cuisine occidentale en 1753, confectionnée par les jésuites, mais les preuves formelles n'en existent pas. Par contre, Kangxi avait bien avalé une des premières substances étrangères, la quinine péruvienne, lorsqu'il subit une grave attaque de malaria. Les médecins de la cour chinoise étaient incapables de trouver un remède. Jean de Fontenay, un jésuite érudit français envoyé par Louis XIV, proposa le remède. L'empereur guérit et accorda aux jésuites français une reconnaissance et une confiance sans limites.

Le maïs, la pomme de terre, l'arachide et la patate douce qui étaient importés d'Amérique à cette époque eurent du mal à s'imposer, à l'image de l'histoire de la pomme de terre en France. Une fois assimilés, ces ingrédients devinrent sinisés dans leur mode de préparation culinaire, comme les autres produits importés qui les avaient précédés. Telle est la force absolue d'assimilation de la cuisine chinoise.

Pour en savoir plus sur les ingrédients

Tous ces ingrédients sont disponibles dans les épiceries asiatiques. On en trouve aussi de plus en plus souvent dans les supermarchés, au rayon asiatique, pour certains dans les produits biologiques.

Alcool de cannelier. Vin de riz aromatisé avec de l'écorce de cannelle. Se vend en bouteille. Selon les recettes, on peut le remplacer par de l'alcool de rose, du calvados ou du grand-marnier.

Alcool d'osmanthe. Vin de riz aromatisé avec des fleurs d'osmanthe. Selon les recettes, on peut le remplacer par de l'alcool de rose, du calvados ou du grand-marnier.

Amandes de pastèque. Amandes extraites de graines de pastèque grillées.

Anis étoilé. Appelé aussi badiane. En forme d'étoile à huit branches, il possède le même goût et le même parfum que l'anis commun, mais avec un arôme plus fort qui rappelle le réglisse. C'est un ingrédient indispensable de la composition des cinq parfums.

Champignons noirs. Appelés aussi champignons des bois, en chinois *mu er*. Ils sont plus appréciés pour leur croquant que pour leur saveur. Ils se vendent déshydratés dans le commerce. On les trempe 20 minutes dans l'eau avant de s'en servir.

Champignons parfumés. Les champignons parfumés (*lentinus edodes*) sont charnus, savoureux avec un bel arôme. Ils poussent en forêt sur les troncs des chênes, des pins ou des hêtres. Ils se vendent surtout déshydratés. Ils peuvent être remplacés par des cèpes (plus parfumés) ou par des pleurotes (moins parfumés).

Châtaignes d'eau. En chinois, *mati*. Les châtaignes d'eau (*eleocharis dulcis*) abritent sous leur peau un tubercule croquant légèrement douceâtre que l'on utilise généralement dans une farce pour apporter le croquant et la fraîcheur. On les trouve en conserve dans les épiceries asiatiques.

Chou chinois. Il existe plusieurs familles de choux chinois. Le *bai cai* ou bettes chinoise (*brassica rapa var chinensis*) ; le *jie cai* (*brassica juncea*) de la variété de moutarde à feuilles ; le *da bai cai* ou chou céleri (*brassica pekinensis*). On en trouve de plus en plus souvent sur les marchés et leur saveur est beaucoup plus douce que celle des choux occidentaux.

Choux chinois acidulés. Ce sont des choux chinois, saumurés dans le sel, et qui développent une acidité à l'image de la choucroute.

Confèvres. Champignons de mousse noirs, à l'apparence de filaments et au goût délicat.

Coriandre fraîche. Ou persil chinois, c'est une des rares fines herbes fraîches utilisées dans la cuisine chinoise et particulièrement dans le Sud. Elle ressemble à du cerfeuil, mais son goût est plus marqué, avec une saveur à la fois musquée et citronnée.

Crème de haricots rouges. Elle est préparée avec des haricots rouges (*azuki*) cuits à l'eau et réduits en une purée additionnée de sucre pour en faire une crème. Elle se vend en conserve et peut être remplacée exceptionnellement par la crème de marron.

Fleurs de chrysanthème. Seuls les pétales de fleurs sont consommés. On les trouve déshydratés dans les épiceries asiatiques.

Fromage de soja. Fromage obtenu à partir d'un caillé de « lait » de graines de soja.

Fromage de soja fermenté. Petits dés de fromage de soja marinant dans un mélange de vin de riz, de sel, d'huile de sésame et d'épices. Généralement, ils constituent un condiment pour accompagner la soupe de riz. Ils sont également utilisés en début de cuisson pour relever le goût des légumes verts sautés. Ce fromage de soja se vend dans des pots en verre.

Galettes de riz. A base de farine de riz gluant, ces feuilles rondes et translucides sont utilisées pour la confection des rouleaux de printemps ou des nems. Sèches et cassantes, elles doivent être trempées quelques instants dans de l'eau tiède pour les ramollir avant utilisation.

Gingembre. *Zingiber officinale*, c'est l'un des ingrédients essentiels de la cuisine chinoise. Son goût piquant, épicé et rafraîchissant ajoute un arôme subtil dans les plats cuisinés. Le gingembre se présente sous la forme d'un rhizome de couleur beige doré recouvert d'une fine peau sèche. Il se vend frais, ou en poudre. C'est le gingembre frais qui doit être utilisé. On peut le garder au congélateur et n'utiliser à chaque fois que la quantité dont on a besoin.

Graines de lotus. Le fruit du lotus, qui évoque une pomme d'arrosoir, renferme dans ses alvéoles des graines de la taille d'une noisette, vendues en conserve ou déshydratées.

Haricots noirs. Il s'agit de haricots de soja noirs. Ils peuvent être fermentés avec de la farine de blé. Une fois fermentés, leur arôme est très intense. Ils servent à relever les plats de poisson et de viande de bœuf.

Haricots spaghetti. En chinois, *cai dou* (*vigna unguiculata ssp sesquipedalis*). Ces haricots font environ 30 centimètres de long. Ils peuvent être remplacés par des haricots verts très fins.

Huile de sésame. Huile obtenue par le pressage des graines de sésame grillées. De couleur ambrée, elle possède un arôme de noisette. Elle s'utilise surtout à froid, comme condiment.

Liserons d'eau. Le liseron d'eau (*ipomoea aquatica*) est un légume à feuilles originaire des régions tropicales avec deux variétés principales. La première présente des tiges creuses et des feuilles relativement grandes, en forme de cœur, qui flottent à la surface de l'eau, l'élément dans lequel prospère la plante. La deuxième pousse sur la terre ferme. Les feuilles sont plus claires et lancéolées. On les trouve en bottes dans les magasins asiatiques. A défaut, on peut les remplacer par des épinards, à la saveur cependant plus forte.

Main-de-boudhha. Appelé aussi « citron à doigts ». C'est une variété de citrus, de forme bizarre, dont les excroissances ressemblent aux doigts. On ne les mange pas, on s'en sert plutôt pour parfumer les pièces.

Nids d'hirondelles. Il s'agit de nids que la salagane, hirondelle des côtes de la mer de Chine, fabrique avec sa salive après avoir ingurgité les substances gélatineuses des algues.

Pâte de sésame. Obtenue à partir de graines de sésame grillées et broyées. Elle peut être remplacée par du beurre de cacahuètes.

Poivre de Sichuan. Ce n'est pas véritablement du poivre, mais de petites baies d'un rouge-brun à la saveur très prononcée et électrique. Egalement connu sous le non de *fagara*. On peut le remplacer par du poivre standard.

Poudre de cinq parfums. Mélange de badiane, fenouil, clous de girofle, cannelle et poivre de Sichuan.

Pousses de bambou. Les pousses de bambou fraîches doivent être épluchées, coupés en tranches et mises à tremper dans l'eau pendant une demi-heure avant utilisation. Elles se vendent aussi en conserve. Dans ce cas, faites-les bouillir pendant cinq minutes pour enlever le goût métallique.

Riz glutineux. C'est une variété de riz à gros grains ronds, très riche en gluten, ce qui le rend collant. Vendu en grain ou en poudre, il est surtout utilisé pour des mets sucrés ou pour la confection des pâtisseries traditionnelles.

Riz parfumé. C'est le riz à long grain. Il en existe de nombreuses variétés en Chine. Vendu sous le nom de riz parfumé.

Sauce de soja claire. Elle est préparée avec des graines de soja cuites et fermentées avec des cultures de moisissures, de la farine de blé et de la saumure. Elle est surtout utilisée en sauce d'accompagnement. Elle est plus liquide, plus salée et moins « colorante » que la sauce de soja foncée.

Sauce de soja foncée ou brune. Même procédé de fabrication que la sauce de soja claire, sauf qu'on y rajoute du caramel et d'autres ingrédients gustatifs comme des champignons lors de la fermentation.

Sauce d'huître. Composée d'huîtres bouillies, de sucre, de sel, de farine de blé, de fécule de maïs, d'eau. Cette sauce équilibre harmonieusement le goût des sautés de légumes et des produits aquatiques. Se vend en bouteille de verre.

Sauce Hoisin. La sauce Hoisin, épaisse, foncée et sucrée, est faite avec une pâte salée de graines de soja, enrichie de sucre, de vinaigre et d'épices. On l'utilise comme sauce d'accompagnement des viandes rôties ou grillées, ou comme ingrédient de marinade. Elle se vend en flacons ou en conserve.

Soja fermenté au piment ou doubanjian. Ce sont des graines de soja fermentées au piment, typiquement de la région du Sichuan. Se vend en bocal.

Taros. Cette tubercule farineuse dont la chair est un peu fade prend parfois une couleur rose pâle. On peut éventuellement remplacer le taro par la pomme de terre.

Vermicelles de riz. Ces vermicelles ressemblent à des fils de nylon, très fins et transparents. Ils sont vendus séchés, repliés en forme d'écheveaux dans leur emballage en plastique.

Vin de Shaoxing. Vin de riz gluant de la région de Shaoxing, dans le Sud de la Chine. A l'origine, on ajoutait du millet au riz pour la fermentation. Il se boit chaud, mais on l'utilise surtout en cuisine. On peut éventuellement le remplacer par du xérès sec.

Vinaigre de riz. Le vinaigre de riz blanc est clair et a une saveur douce. Il possède un arrière-goût de riz gluant et s'emploie dans les préparations aigres-douces. Le vinaigre de riz noir, de couleur plus foncée mais d'une saveur plus douce, s'emploie dans les plats braisés, en sauce, ou pour accompagner les nouilles.

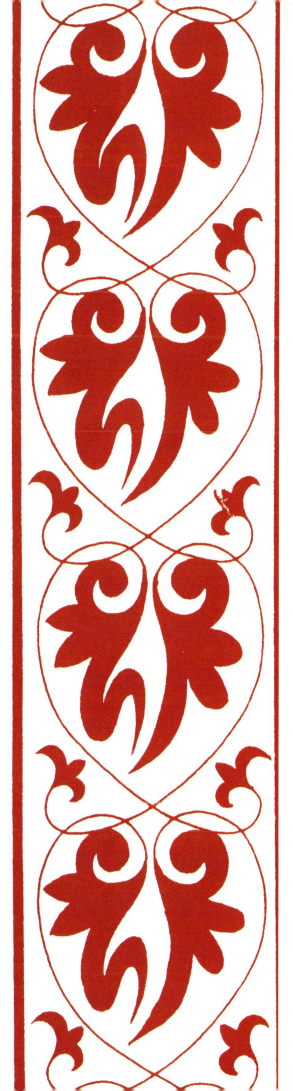

Bibliographie

BÉGUIN Gilles, MOREL Dominique, *La Cité interdite des Fils du Ciel*, Découvertes Gallimard, 1996.

BEURDELEY Michel, *La porcelaine des Qing, famille verte et rose*, Charles E. Tuttle Company, 1986.

BIOT Edouard, traduction de, *Le Tcheou-Li ou Rites des Tcheou*, Imprimerie nationale, 1851.

CAO Xueqin, traduit par Li Tche Houa, J. Alézaïs, A. D'Horman, *Le Rêve dans le pavillon rouge*, vol. 3, La Pléiade, Gallimard, 1981.

Catalogue, *La Cité interdite, vie publique et privée des empereurs de Chine, 1644-1911*, exposition du musée du Petit Palais, 1997.

CHAN TAT CHUEN William, *Fêtes et banquets en Chine*, Picquier poche n° 76.

CHANG K.C., *Food in Chinese Culture*, New Haven University Press, 1977.

CHIU Che Bing, BAUD BERTHIER Gilles, *Savourer goûter*, Asie Creops, PUF Sorbonne, 1995.

COMMEAUX Charles, *La vie quotidienne en Chine sous les Mandchous*, Hachette, 1970.

COMMENTAL Christophe, *Un missionnaire lazariste italien à la cour de l'empereur de Chine au XVIIIe siècle*, Matteo Ripa, INALCO.

COUVREUR Séraphin, traduction de Li Ki, *Mémoires sur les bienséances et les cérémonies*, Cathasia-Les Belles Lettres, 1950.

CROSSLEY Pamela Kyle, *The Mandchus*, Blackwell Publishers, 1997.

DUNE Georges H., *Chinois avec les Chinois : le père Ricci et ses compagnons dans la Chine du XVIIe siècle*, Editions du Centurion, 1964.

EBREY Patricia Buckley, *Confucianism and Family Rituals in Imperial China*, Princeton University Press, 1911.

ETIEMBEL, *Les Jésuites en Chine, la querelle des rites*, Julliard, 1996.

FAZZIOLI Edoardo, *Les jardins secrets de l'empereur : d'après le ben cao impérial*, La Maison rustique, 1990.

FRÉDÉRIC Louis, *Kangxi, Grand khân de Chine et Fils du Ciel*, Arthaud, 1985.

GERNET Jacques, *Le monde chinois*, Armand Colin, 1972.

GRANET Marcel, *Danses et légendes de la Chine ancienne*, PUF, 1994.

HUC Régis Evariste, *L'empire chinois*, 2 vol., Kimé, 1993.

JOHNSTON Reginald, *Twinlight in The Forbidden City*, Oxford University Press, 1987.

LECOMTE Louis, *Un jésuite à Pékin. Nouveaux mémoires sur l'état présent de la Chine, 1687-1692*, Phébus, 1990.

LOTI Pierre, PICHON Stephen et DARCY Eugène, *Les derniers jours de Pékin, ville en flammes, la défense de la légation étrangère*, Julliard, 1991.

PEYREFITTE Alain, *L'empire immobile ou le choc des mondes*, récits historiques, Fayard, 1989.

POWER Brian, traduit par Suzanne Chapier, *Le dernier Fils du Ciel*, Balland, 1987.

PRESTON M. Tobert, *The Ch'ing Imperial Household Department*, Harvard University Press, 1977.

PUYI, traduit par Jeanne Marie Gaillard Paquet, *J'étais empereur de Chine*, Perrin, 1991.

RAWSKI Evelyn, *The Last Emperors : A Social History of Qing Imperial Institutions*, University of California Press, 1998.

ROSSALI Monis, traduit par Martine Leroy Battistelli, *Kubilai Khan : empereur de Chine*, Perrin, 1991.

SHEN Dali, *Pékin, la Cité Interdite*, Nathan, 1986.

SIMOONS Fredericke J., *Food in China : a Cultural and Historical Inquiry*, CRC Press, 1991.

SU Chung, *Court Dishes of China : the Cuisine of the Qing Dynasty*, Library of Congress, 1966.

VANDERMEERSCH Léon, études sinologiques, *Chine, rites et cérémonies*, PUF, 1994.

WELCH Patricia Bjaaland, *Chinese New Year*, Oxford University Press, 1997.

WILL Pierre Etienne, *Bureaucratie et famine en Chine au XVIIIe siècle*, EHESS.

WU Han, traduit par Nadine Perron, *L'empereur des Ming*, Picquier poche n° 43.

Sources chinoises

FAN Hong Qi, *Zhongguo de gongting yinshi (La cuisine de cour*

chinoise), Beijing, Shangwuyinshuguan guojiyyouxiangongsi, 1997.

GUO Chengkang, CHENG Chongde, *Qianglong Huangdi quanzhuan* (*Mémoires complets de Qianglong*), Beijing xueyang chubanshe, 1994.

Menus du restaurant impérial Fangshan de Pékin.

WAN Yi, WANG Shuqing, LIU Liu, *Qingdai gongtingshi* (*L'histoire de la cour des Qing*), Shenyang, Liaoning renmim chubanshe, 1990.

WAN Yi, WANG Shuqing, LU Yanzhen, *Qingdai gongting shenghuo* (*La vie à la cour des Qing*), Hong Kong, The Commercial Press, 1985.

YUAN Mei, *Sui Yuan Shitan* (*Les menus de Sui Yuan*), Beijing, Zhongguo shangye chubanshe, 1984.

ZHOU San Jing, *Zhongguo lidai yushan da guan* (*Dictionnaire de la cuisine impériale chinoise*), Jiangsu, Wenhuichubanshe, 1996.

Livres cités

ASADA Jirô, traduit par Corinne Atlan, *Le roman de la Cité Interdite*, Editions Philippe Picquier, repris en 1 vol. en 2002.

DAN Shi, traduit par Nadine Perront, *Mémoires d'un ennuque dans la Cité Interdite*, Picquier poche n° 35.

JIN Yi, traduit par Dong Qiang, *Mémoires d'une dame de cour dans la Cité Interdite*, Picquier poche n° 54.

YUAN Mei, traduit par Panking, *Livre de cuisine d'un gourmet poète*, Pékin, La « Politique de Pékin », 1924.

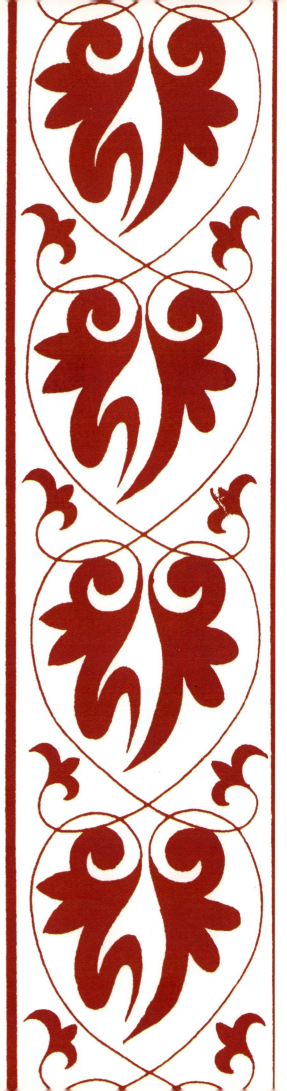

Table des illustrations

- Bibliothèque Nationale de France, Paris : p. 73.
- British Library, Londres : p. 112-113.
- Château de Fontainebleau, musée chinois, © Photo RMN - Arnaudet : p. 17 ; p. 68 ; p. 99 - Gérard Blot : p. 11 ; p. 82 ; p. 94-95 ; p. 106 ; p. 107.
- The Cleveland Museum of Art, 2002, don du Junior Council of The Metropolitan Museum, et de Mme Wai-kam Ho au nom du Junior Council : p. 34-35 - Fonds John L. Severance, Cleveland : p. 8-9.
- Collection particulière Shuisongshi Shanfang : p. 44 ; p. 59 ; p. 88.
- Droits réservés : p. 12 ; p. 13 ; p. 15 ; p. 19 ; p. 53 ; p. 65 ; p. 83 ; p. 84 ; p. 86 ; p. 92 ; p. 110.
- Illustration de Patrice Serres, in *Dans la Cité pourpre interdite*, aux Editions Philippe Picquier : p. 104.
- Metropolitan Museum of Art, don du fonds Dillon, 1986 : p. 20.
- Musée des arts asiatiques Guimet, Paris © Photo RMN - Richard Lambert : p. 70 ; p. 108 - Thierry Ollivier : p. 38 ; p. 50-51 ; p. 80 - Ravaux : p. 102 - Michel Urtado : p. 42-43.
- Musée du Gugong, Pékin : p. 26-27 ; p. 28 ; p. 36 ; p. 40 ; p. 60 ; p. 77 ; p. 79 ; p. 81.
- National Palace Museum, Taipei : p. 47 ; p. 55 ; p. 57 ; p. 62-63 ; p. 91 ; p. 96-97 ; p. 100-101.
- Collection particulière de Roy et Marylin Papp, avec l'aimable autorisation du Phoenix Art Museum, 2002, Graig Smith : p. 33 ; p. 39 ; p. 120.
- Schoeni Art Gallery, Hong Kong - *The Grand Feast*, Jiang Guo Fang : page de couverture ; p. 2 ; p. 116.
- Victoria & Albert Museum, Londres : p. 76 ; p. 124.

Cabinet contenant divers bols, coupes et vases, dynastie Qing.

Index thématique des recettes

Une recette peut se retrouver dans plusieurs rubriques.

Boissons
Lait de soja	11
Thé au lait	33

Pains, brioches et galettes
Bing aux crevettes	87
Bobos au sésame	32
Bobos mandchous	32
Pain mandchou	13
Petits pains de maïs	115
Petits pains farcis à la viande de porc	71
Petites brioches « œil d'éléphant »	71

Rouleaux
Rouleaux de mains-de-bouddha	58
Rouleaux de printemps	66

Riz
Bouillie de riz au mouton	46
Bouillie de riz glutineux aux litchis	63
Premier plat sous le ciel	75

Nouilles
Nouilles de longévité	99
Raviolis	96

Fromage de soja
Agneau braisé au fromage de soja	52
Fromage de soja aux huit trésors	37
Potage de poulet gras au fromage de soja	70

Fruits de mer
Abalones aux asperges	31
Beignets de crevettes en forme de pipa	107
Bing aux crevettes	87
Calamars aux haricots noirs	25
Crabes à la sauce aigre-douce	56
Holothuries de mer aux coquilles Saint-Jacques et œufs de caille	31
Premier plat sous le ciel	75

Poissons
Carpe du lac de l'Ouest	12
Poisson consacré par le palais	37
Poisson mandarin frit et croustillant	56

Volailles
Canard aux huit immortels	72
Canard laqué à la sauce de soja	26
Faisan aux fleurs de chrysanthème	27
Langues de canard braisées	87
Poulet à la Gongbao	52
Poulet ivre aux pousses de bambou printanières	39
Suprêmes de faisan aux légumes acidulés	69
Les cent oiseaux retournent au nid	77

Agneau et mouton
Agneau braisé au fromage de soja	52
Bouillie de riz au mouton	46
Epaule d'agneau braisée à la sauce de soja foncée	69
Fondue mongole	101
Kebab d'agneau	18

Porc

Petits pains farcis à la viande de porc	71
Pieds de porc à la Dongpo	41
Porc à la couleur cerise	66
Viande du bonheur	104

Cerf

Foie de cerf grillé	28

Légumes

Epinards sautés aux crevettes séchées	70
Légumes saumurés au vinaigre	43
Salade d'aubergines à la pâte de sésame	16
Sauté végétarien *luohan*	17

Douceurs

Beignets de bananes	58
Bobos au sésame	32
Bobos mandchous	32
Bouillie de riz glutineux aux litchis	63
Crème de sésame	62
Gao aux lentilles rouges	98
Gâteau de farine de pois	46
Nian gao aux cent fruits	90
Nids d'hirondelles cuits au sucre candi	78
Petites brioches « œil d'éléphant »	71
Petits pains de maïs	115
Purée de pommes de terre sucrée	21
Soupe de pommes	47

© 2002, Editions Philippe Picquier
Mas de Vert
B.P. 150
13631 Arles cedex

En couverture : *The Grand Feast*, Jiang Guo Fang
© Schoeni Art Gallery Ltd., Hong Kong

Conception graphique de la couverture : Picquier & Protière
Conception graphique de l'intérieur : Editions Philippe Picquier

ISBN : 2-87730-616-X

Photogravure : Photogravure du Pays d'Oc (Nîmes)
Imprimé dans l'Union européenne
par Everprint (italie)
Dépôt légal : octobre 2002